CUISINE & SANTÉ

FAÏZA MEBAZAA

recettes gourmandes anti-âge

PHOTOGRAPHIES DE ALAIN CASTE

INTRODUCTION ET CONSEILS NUTRITIONNELS DE SOLVEIG DARRIGO-DARTINET

VIGOT

sommaire

Vivre plus longtemps en bonne santé !

Aujourd'hui, nul ne conteste l'importance d'une alimentation équilibrée pour favoriser un vieillissement harmonieux. Largement impliquée dans de nombreuses maladies dites « de civilisation » – obésité, diabète, maladies cardio-vasculaires, cancers, l'alimentation constitue une des priorités pour se maintenir en bonne santé au fil des ans. Alors, pourquoi attendre qu'un problème de santé ne survienne pour agir ? L'anticipation semble la meilleure tactique. Idéalement, il faudrait se pencher sur notre assiette dès le plus jeune âge, avant d'avoir pris de mauvaises habitudes alimentaires. Apprendre à bien manger, n'est-ce pas aussi utile que d'apprendre à lire, écrire ou compter ? Fort heureusement, il n'est jamais trop tard pour bien faire !

Les raisons du vieillissement

Dès l'âge adulte, une fois le processus de croissance terminé, l'organisme commence à vieillir progressivement. Inaperçus dans un premier temps, ce n'est que plusieurs dizaines d'années plus tard que les premiers signes d'usure se font sentir : perte de tonus, transit intestinal plus paresseux, appétit déréglé, sommeil moins récupérateur, articulations douloureuses... Ce processus naturel et permanent s'accélère aussi du fait d'un certain nombre de facteurs : la pollution, le stress, le tabac, la sédentarité, les expositions solaires et, bien entendu, une mauvaise alimentation. Leurs effets néfastes prolongés sur des années favorisent l'arrivée de troubles fonctionnels plus sérieux : hypercholestérolémie, polypes aux intestins, calculs rénaux... On les regroupe sous le terme de maladies dégénératives, telles certaines maladies cardio-vasculaires, certains cancers et certaines maladies neurologiques (Alzheimer).

Le rôle de l'alimentation

A défaut d'enrayer le vieillissement programmé de l'organisme, l'alimentation a un rôle essentiel à jouer pour préserver, entretenir, régénérer toutes les substances vitales de notre organisme (cellules, os, muscles, cœur et organes, peau...).

Mais, pour bien vieillir, il n'est pas question de tout bouleverser dans ses habitudes alimentaires. Quelques réglages suffisent souvent pour éviter la dégradation des organes. En voici quelques exemples pratiques...

Pour préserver le squelette et prévenir l'ostéoporose

Un squelette reste solide si la masse musculaire qui le soutient résiste et ne diminue pas au fil des ans ! Les apports en protéines, nécessaires à la construction et à l'entretien des cellules du corps (dont les muscles) tout au long de notre vie, ne doivent pas être négligés. Une part (120 g) de viande ou de poisson ou deux œufs par jour représente une bonne moyenne. Les produits laitiers offrent également une bonne source de protéines d'origine animale. En parallèle, leur richesse en calcium s'avère indispensable pour consolider les os. Deux à trois portions par jour semblent un apport satisfaisant, sachant qu'1 portion équivaut à 1 bol de lait (250 ml) ou 1 pot de yaourt (125 g) ou 1 morceau de 40 g de fromage (1/8e de camembert). Les eaux minérales riches en calcium (plus de 300 mg/l) fournissent aussi un complément utile pour ceux qui ne sont pas adeptes des produits laitiers.

Toutefois, pour favoriser la fixation du calcium sur les os, inutile d'abuser des produits laitiers. La vitamine D joue également un rôle important. Elle est secrétée par le corps grâce à l'exposition au soleil (un quart d'heure par jour bras découverts), mais peut faire défaut en hiver. Elle se trouve aussi dans certains aliments tels les poissons gras ou le jaune d'œuf.
Il faut enfin penser au calcium d'origine végétale présents dans les noix, amandes, légumes secs... Autre point important, il convient de limiter la consommation de viandes grasses, de charcuteries et de sel de table, qui entraînent une fuite de calcium !

Pour prévenir les maladies cardio-vasculaires

L'élévation du taux de cholestérol sanguin augmente avec l'âge, mais son excès présente des risques pour la santé cardiaque. Contrairement à ce que l'on pourrait croire, ce ne sont pas les aliments riches en cholestérol qui posent problème (les œufs notamment). Il convient plutôt de surveiller ceux contenant des graisses saturées (qui entraînent des dépôts dans les artères). Ainsi, les matières grasses animales type beurre ou crème doivent être limitées au profit des graisses végétales types huiles (olive, colza, noix...) et margarines (issues de ces huiles). Le beurre sera réservé aux tartines du petit-déjeuner. Même précaution concernant les sauces ou les préparations en contenant (sauce hollandaise, beurre blanc, quiche...). Les charcuteries et viandes grasses (côtes, côtelettes, entrecôte...) doivent être moins fréquemment inscrites au menu que les volailles et viandes maigres (filets, escalopes, bœuf à 5 ou 10 % MG). Quant aux poissons, la plupart ont une très faible teneur en lipides, et les poissons dits « gras » (saumon, sardine, thon, maquereau...) fournissent de bonnes graisses (types oméga 3) ayant l'avantage d'être bénéfiques pour la santé. Leur présence dans notre assiette au minimum une fois par semaine serait souhaitable.
Pour la cuisson, modérez l'ajout de matière grasse, privilégiez les corps gras cités ci-dessus et limitez les fritures à quelques occasions.
Une part de fromage par jour semble raisonnable, tandis qu'aux autres repas seront choisis les autres laitages demi-écrémés.
Par ailleurs, les fruits et légumes riches en fibres réduisent l'absorption du cholestérol et ont intérêt à figurer à chaque repas principal.

Pour prévenir les maladies neuro-dégénératives (type Alzheimer)

Il faudrait favoriser les apports en acides gras dits « essentiels » (type oméga 3), car l'organisme ne sait pas les fabriquer. Seule l'alimentation permet de les fournir, via la consommation quotidienne de certains aliments : les poissons gras (sardine, maquereau, saumon, thon...), les huiles végétales (de colza ou de noix) et les fruits oléagineux (noix, amandes...).
En effet, depuis quelques années, on connaît mieux

FAUT-IL VARIER LES HUILES ?

Comme aucune huile ne fournit tous les « bons » acides gras (monoinsaturés et polyinsaturés), l'idéal consiste à mélanger chaque jour deux (ou trois) huiles de qualités distinctes et complémentaires :

- **L'huile d'olive pour sa saveur, à utiliser pour assaisonner et cuire (ses acides gras monoinsaturés supportent la cuisson). Elle favorise la baisse du taux de cholestérol sanguin.**
- **L'huile de colza, d'un goût plus neutre, à utiliser pour l'assaisonnement. Ses acides gras essentiels du type oméga 3 (absents dans l'huile d'olive) favorisent la fluidité sanguine et sont indispensables au bon fonctionnement du cerveau.**
- **L'huile de noix, de saveur plus typée, a des qualités nutritives proches de l'huile de colza et peut la remplacer dans certaines recettes.**

Pour une sauce vinaigrette « équilibrée », faites votre propre mélange d'huile : moitié huile d'olive, moitié huile de colza.

le rôle des oméga 3. Ils agissent à deux niveaux, cardiaque et cérébral : ils réduisent les risques de maladies cardio-vasculaires (en agissant sur les triglycérides, la fluidité sanguine et le rythme cardiaque) et sont indispensables au niveau du cerveau (développement du cerveau du fœtus, prévention de la dépression et de la maladie d'Alzheimer).
Ils représentent un véritable carburant pour le cerveau ! Plusieurs études ont également montré un lien entre une carence en ces précieuses graisses et certaines formes de dépression pouvant s'installer lorsque l'on vieillit. Pour booster notre mémoire et maintenir une certaine agilité mentale, les oméga 3 ont aussi une place prépondérante.

Un bon équilibre oméga 3/oméga 6

Pour profiter des bénéfices santé des oméga 3, il faut non seulement en manger suffisamment (2 g/jour), mais limiter en parallèle la consommation d'une autre famille de graisses très proche, appelées oméga 6. Car l'excès d'oméga 6 dans notre alimentation (huile de tournesol, huile de pépins de raisin, viandes...) empêche l'organisme d'exploiter de façon efficace les oméga 3 ! A titre indicatif, les nutritionnistes recommandent un rapport entre oméga 6/oméga 3 qui devrait avoisiner 5, alors que nous affichons en moyenne un niveau de 15.
La solution consiste donc à augmenter la consommation d'aliments riches en oméga 3 dont le rapport oméga 6/oméga 3 ne dépasse pas 5.

Pour information

- **Huile de noix** : 12,3 g/100 g oméga 3 et rapport oméga 6/oméga 3 = 4,6 ;
- **Huile de colza** : 9,6 g/100 g oméga 3 et rapport oméga 6/oméga 3 = 2,2.
- **La bonne dose d'oméga 3,** soit 2 g par jour, correspond à :

→ 150 g de poisson gras ;
→ ou 1 cuil. à soupe d'huile de colza + 50 g de mâche + 15 g de noix ;
→ ou 2 cuil. à soupe d'huile de colza.

Pour lutter contre l'oxydation des tissus

Chaque jour, notre organisme produit naturellement des déchets appelés « radicaux libres », que ce soit pour respirer, pour digérer, ou pour assurer l'ensemble des fonctions vitales. C'est ce qu'on appelle l'oxydation des tissus. Fort heureusement, il existe des substances nommées « antioxydants » qui servent en quelque sorte d'antirouille aux cellules vivantes. Elles éliminent les déchets et évitent leur accumulation dans l'organisme, luttant ainsi efficacement contre le vieillissement prématuré. Dans notre alimentation, ce sont plus particulièrement les fruits et les légumes qui regorgent de ces substances antioxydantes (vitamine C, caroténoïdes et nombreux oligo-éléments). Vous les trouverez aussi représentées dans les céréales complètes, les huiles végétales et les graines oléagineuses, en quantité variable.
D'où l'utilité de consommer sans attendre des aliments à fort potentiel antioxydant pour maintenir nos cellules en pleine forme et ralentir les effets du temps !

LE POTENTIEL ANTIOXYDANT DES ALIMENTS

Depuis 2007 est apparue une méthode de mesure du contenu global en antioxydants des aliments : il s'agit du test ORAC (Oxygen Radical Antioxidant Capacity). Environ 300 fruits et légumes ont principalement été mesurés, mais aussi des épices et des herbes aromatiques. Cela permet de situer chacun d'entre eux sur une échelle de valeur, à condition de ramener les valeurs à hauteur de la portion consommée (les chiffres parus en 2007 indiquent les valeurs ORAC pour 100 g d'aliments frais).
A titre indicatif, il faudrait compter 10 000 à 13 000 unités ORAC par jour pour atteindre les recommandations actuelles.

Herbes et épices : sources surprenantes d'antioxydants

Comparaison de l'activité antioxydante d'épices et d'autres aliments

Aliments	Portion (càc = cuillère à café)	ORAC (µmol Trolox Équivalent/portion)
Airelles / cranberries	80 g	7667
Clou de girofle moulu	1 càc	6603
Cannelle moulue	1 càc	6153
Framboises	80 g	6103
Jus de grenade	25 cl	6097
Myrtilles	80 g	5242
Barre de chocolat au lait*	1 barre	3595
Amandes	80 g	3563
Curcuma moulu	1 càc	3504
Clou de girofle moulu	1/2 càc	3302
Cannelle moulue	1/2 càc	3077
Fraises	80 g	2862
Thé	25 cl	2820
Cerises	80 g	2692
Chou rouge	80 g	1802
Curcuma moulu	1/2 càc	1752
Asperge cuite	80 g	1720
Cumin	1 càc	1613
Curry en poudre***	1 càc	1461
Origan séché	1 càc	1401
Brocoli cuit	80 g	1242
Épinards	80 g	1212
Laitue	80 g	1158
Raisin noir	80 g	1008
Kiwi	80 g	968
Cumin	1/2 càc	806
Curry en poudre***	1/2 càc	730
Origan séché	1/2 càc	701
Poivron rouge à la poêle	80 g	678
Poivre noir	1 càc	580
Carottes	80 g	533
Poivron vert	80 g	492
Basilic séché	1 càc	473
Poudre de piment de Cayenne	1 càc	473
Gingembre moulu	1 càc	461
Paprika	1 càc	439
Tomates	80 g	437
Romarin**	1 càc	394

Herbes et épices : sources surprenantes d'antioxydants

Comparaison de l'activité antioxydante d'épices et d'autres aliments		
Persil séché	1 càc	297
Poivre noir	1/2 càc	290
Thym**	1 càc	262
Melon*	80 g	250
Basilic séché	1/2 càc	236
Poudre de piment de Cayenne	1/2 càc	236
Gingembre moulu	1/2càc	231
Paprika	1/2 càc	220
Romarin**	1/2 càc	197
Aubergines cuites	80 g	196
Ail déshydraté	1 càc	187
Persil séché	1/2 càc	149
Thym**	1/2 càc	131
Pastèque	80 g	114
Ail déshydraté	1/2 càc	93

Source : Oxygen Radical Absorbance Capacity (ORAC) of Selected Foods – 2007. Nutrient Data Laboratory. USDA, November 2007. www.ars.usda.gov/nutrientdata/ORAC.
*Wu X, Beecher GR, Holden JM, Haytowitz DB, Gebhardt SE, Prior RL. Lipophilic and hydrophilic antioxidant capacities of common foods in the United States.
** Centre for Phytochemistry and Pharmacology, Southern Cross University, Australia.
*** Mc CORMICK USA Laboratory. January 2009.

Les secrets des centenaires et de la cuisine anti-âge

Grâce aux nombreux progrès réalisés dans le domaine de la nutrition, nous sommes en quelques années passés d'une diététique curative à une approche préventive. Le fait de mieux connaître les secrets des centenaires, notamment des Japonais de l'île d'Okinawa, nous a permis de tirer quelques leçons très intéressantes. Attention, il n'existe pas de modèle alimentaire idéal, ni de recette miracle à suivre scrupuleusement !

Voici quelques secrets pour continuer à se régaler de nombreuses années et optimiser sa longévité…

Secret n°1 : mangez coloré

La nature fait bien les choses… Le contenu en antioxydants des aliments est étroitement lié à leur couleur : les jaunes-orangés (carotte, melon, mangue) indiquent une grande richesse en béta-carotènes, les bleus-violets (baies types myrtilles, raisin noir) en anthocyanes, etc. En clair, manger coloré, c'est manger riche en antioxydants.

Et plus vous associez de couleurs, plus vous diversifiez les sources d'antioxydants. Il ne vous reste plus qu'à composer vos menus avec toute la palette de couleurs des fruits et des légumes pour vous régaler et rester en bonne santé !

Secret n°2 : choisissez des aliments « non raffinés »

Le raffinage consiste à éliminer les enveloppes adhérant à l'amande centrale du grain des céréales, notamment. Le grain perd ainsi la couleur brune du son et il « blanchit ». Malheureusement, en parallèle, il s'appauvrit en vitamines, fibres, sels minéraux et oligo-éléments, autant d'éléments essentiels à notre organisme ! Alors, que ce soit pour la farine, le pain, les pâtes, les semoules, etc., préférez toujours leur version « complète » (ou non raffinée). Leur apport calorique reste identique dans les deux versions.

Secret n°3 : préférez le « végétal », limitez « l'animal »

Une petite part de viande ou de poisson, un peu de laitages ou de fromage frais et une place prépondérante aux végétaux (fruits, légumes, céréales complètes, graines, huiles). C'est sans doute la meilleure façon de rééquilibrer les apports nutritionnels : moins de protéines animales et de graisses saturées, plus de fibres, de glucides lents, de vitamines, de sels minéraux et d'antioxydants !

Secret n°4 : jouez l'alternance cru/cuit

Les végétaux crus et cuits sont complémentaires.
Le « cru » assure les apports en vitamine C, en fibres et en sels minéraux.
Le « cuit » facilite la digestion des fibres (moins irritantes pour la paroi intestinale) et permet de mieux assimiler les caroténoïdes (des antioxydants).
Dans vos menus, combinez le cru et le cuit : crudités en entrée et compote en dessert, ou soupe de légumes et salade de fruits frais. Une recette peut également associer les deux : une salade de haricots verts et tomates, par exemple. La règle est simple, cru + cuit = vitalité + digestion facilitée.

Secret n°5 : privilégiez les cuissons douces

Pour éviter la fuite des vitamines et sels minéraux, solubles dans l'eau, rincez les végétaux sous un filet d'eau sans les laisser tremper. Conservez leur peau, riche en polyphénols (pigments) et en vitamines. Elle contient à elle seule la moitié des antioxydants !
Préférez les modes de cuisson courts et ceux requérant un minimum d'eau – cuisson à la vapeur, sautée au wok ou à l'étouffée, et ne prolongez pas le temps de cuisson inutilement. Les pertes nutritionnelles augmentent proportionnellement à la durée de la cuisson. Et plus les températures sont élevées, plus les éléments nutritifs sont détruits.

Secret n°6 : n'oubliez pas d'assaisonnez (sel, herbes aromatiques, épices)

La réduction du sel est recommandée à titre préventif pour la population en général, et surtout pour les personnes obèses, hypertendues, cardiaques et diabétiques. Apprenez à mieux le doser et à l'ajouter au bon moment : une cuillerée à café (5 g) par litre d'eau dans l'eau de cuisson des pâtes ou du riz. Préférez les sels naturels gris non raffinés, type sel de Noirmoutier, de Guérande, de l'Himalaya... plus riches en sels minéraux (potassium, magnésium) et plus savoureux que le sel blanc : une moindre dose permet de saler correctement les mets.
L'assaisonnement avec les herbes aromatiques ou les épices limite l'ajout de sel ou de sauce grasse. De plus, les herbes favorisent une bonne digestion, et ont un fort potentiel antioxydant, même à petite dose ! Adoptez ce geste santé et plaisir dans votre alimentation quotidienne. Le top 10 : romarin, piment de Cayenne, cannelle, persil, gingembre, thym, basilic, curry (surtout curcuma), origan, paprika.

Pour illustrer ces bons conseils, que diriez-vous de passer à la pratique ? Voici une belle palette de recettes colorées et savoureuses , conçues avec de nombreux aliments à fort potentiel antioxydants ! Parfois d'inspiration asiatique ou du pourtour méditerranéen, parfois déclinées de nos recettes typiquement françaises, elles donnent toutes envie de se (re)mettre en cuisine. Je vous laisse les découvrir, les adapter à votre sauce et les intégrer dans votre registre personnel, pour les savourer encore et encore. Longue vie à tous les gourmets !

Solveig Darrigo-Dartinet, diététicienne

asperges vertes sautées
aux copeaux de parmesan

Préparation 15 min **Cuisson** 5 à 7 min

POUR 4 PERSONNES
1 botte d'asperges vertes
1 gousse d'ail
10 g de pignons
1 petit morceau de parmesan bien sec
4 petites poignées de roquette
2 cuil. à soupe de vinaigre balsamique
2 cuil. à soupe d'huile d'olive
15 g de beurre
1 pincée de piment d'Espelette
Fleur de sel, poivre du moulin

- Nettoyez les asperges et coupez-les en deux. Pelez, dégermez et hachez la gousse d'ail.
- Faites dorer les pignons à sec dans une poêle pour les rendre croquants et développer leur arôme.
- Dans un wok ou une sauteuse, faites fondre le beurre avec l'huile d'olive. Ajoutez les asperges et l'ail et remuez. Versez le vinaigre balsamique, poivrez et pimentez. Faites revenir à feu vif pendant quelques minutes : les asperges doivent être encore légèrement croquantes mais tendres à cœur. Salez au dernier moment.
- Dressez les asperges chaudes sur un lit de salade de roquette assaisonnée au vinaigre balsamique et à l'huile d'olive. Parsemez de pignons et de copeaux de parmesan.

Vous pouvez remplacer le parmesan par du gouda vieux et la roquette par un mélange de pousses.

l'atout anti-âge

Les asperges présentent une grande richesse vitaminique et minérale. Les vertes ont l'avantage d'être plus riches en provitamine A (carotènes), qui leur donne cette couleur. Côté sels minéraux, avec un taux de potassium élevé et très peu de sodium, l'asperge a un effet diurétique (l'odeur particulière qu'elle donne aux urines est due à la présence de soufre, un excellent anti-infectieux). Autre atout des asperges, leurs fibres : leur consommation stimule le transit intestinal.

blinis de pommes de terre

Préparation 20 min **Cuisson** 10 min (pommes de terre) + 3-4 min par blini

POUR 4 PERSONNES
500 g de pommes de terre (type Mona Lisa ou Samba)
1 œuf
2 blancs d'œufs
5 cl de lait entier
30 g de farine complète (T110)
30 g de beurre juste fondu
1 feuille de laurier
Noix de muscade
Sel, poivre

- Épluchez les pommes de terre et coupez-les en morceaux. Portez à ébullition une casserole d'eau. Ajoutez du gros sel, une feuille de laurier et les pommes de terre. Faites-les cuire jusqu'à ce qu'elles soient tendres, puis égouttez-les et passez-les au moulin à légumes.
- Mettez les pommes de terre écrasées dans le bol d'un robot. Incorporez successivement l'œuf battu en omelette, le lait, la farine et le beurre fondu. Salez, poivrez et ajoutez une pointe de noix de muscade râpée.
- Battez les blancs d'œufs en neige ferme et incorporez-les délicatement à l'appareil.
- Déposez une cuillerée à soupe de pâte au centre d'une poêle à blinis chauffée et légèrement beurrée. Étalez la pâte sur toute la surface de la poêle en tassant légèrement avec le dos de la cuiller. Faites cuire chaque blini 2 à 3 minutes d'un côté et 1 minute de plus sur l'autre face. Beurrez très légèrement la poêle avec un papier absorbant à chaque nouveau blini.

Servez les blinis tièdes pour accompagner saumon fumé, tarama ou œufs de saumon.

l'atout anti-âge

Plus le « type » (T) d'une farine est élevé (110 dans cette recette), plus elle contient de sels minéraux. Il s'agit d'une farine moins raffinée (ou blanche) et plus nourrissante. Ses glucides (ou sucres) sont assimilés plus lentement et leur digestion sollicite moins le pancréas. Ainsi, vous protégez votre organisme du vieillissement prématuré de cet organe et vous limitez les risques de développer du diabète. Pensez-y au quotidien !

dip de haricots noirs épicé

Préparation 30 min **Trempage des haricots** 12 heures **Cuisson** 2 heures

POUR 6 PERSONNES

200 g de haricots noirs secs
2 grosses échalotes
1 feuille de laurier
1/2 oignon rouge
1 gousse d'ail écrasée
1 cuil. à soupe de persil plat finement haché
2 cuil. à soupe de coriandre finement hachée
3 cuil. à soupe d'huile d'olive
1 cuil. à café d'huile de sésame
Le jus de 1 citron vert
1 petit piment rouge frais, épépiné et finement haché
Sel, poivre du moulin

- Mettez à tremper les haricots pendant 12 heures.
- Le lendemain, égouttez-les et mettez-les à cuire dans une grande casserole d'eau froide avec les échalotes émincées et le laurier. Lorsque l'eau bout, baissez le feu, couvrez à demi et laissez cuire à petit bouillon pendant 2 heures. Ajoutez de l'eau chaude en cours de cuisson s'il en manque.
- Laissez ensuite tiédir les haricots dans leur eau de cuisson, puis transférez-les dans un petit saladier à l'aide d'une écumoire. Retirez le laurier. Prélevez quelques haricots et réservez-les pour la décoration.
- Mixez les haricots et les échalotes cuits en incorporant l'ail, les huiles et le jus de citron. Salez et poivrez.
- Ajoutez le piment, puis l'oignon rouge finement haché, et enfin les herbes. Mélangez parfaitement à la cuiller. Parsemez de haricots non mixés. Couvrez d'un film alimentaire et réservez au frais.

Sortez le dip du réfrigérateur 15 minutes avant de le déguster. Accompagnez-le de bâtonnets de crudités, de chips mexicaines ou encore de pita chaude.

l'atout anti-âge

Le haricot noir, peu consommé en France, présente pourtant les mêmes intérêts nutritionnels que les autres légumes secs. Cette famille d'aliments devrait d'ailleurs figurer plus souvent dans nos menus, compte tenu de sa richesse en magnésium et potassium. Ces deux minéraux manquent de façon récurrente dans notre alimentation moderne. Sous forme de dip, les haricots mixés offrent des fibres très digestes et des glucides (ou sucres) facilement assimilés par l'organisme. Agrémentés d'herbes, de condiments et d'huile parfumée, ils n'en sont que plus savoureux !

gaspacho aux poivrons rouges

Préparation 30 min **Réfrigération** 2 heures

POUR 4 PERSONNES
900 g de tomates bien mûres
4 poivrons rouges
1 gros oignon doux
3 gousses d'ail
1 baguette blanche
10 cl d'huile d'olive
4 cl de vinaigre de Xérès
1 cuil. à soupe de jus de citron
1 pincée de piment d'Espelette
Sel, poivre du moulin

- Mondez et épépinez les tomates en recueillant tout leur jus à travers une passoire. Coupez-les en morceaux.
- Pelez les poivrons à l'aide d'un économe, puis retirez la queue et les graines. Coupez leur chair en morceaux. Émincez grossièrement l'oignon. Pelez, dégermez et écrasez les gousses d'ail.
- Prélevez la mie de la baguette : vous devez en obtenir environ 70 g.
- Mixez finement les tomates, les poivrons, l'oignon et la mie de pain émiettée avec le jus des tomates, le vinaigre et le jus de citron en ajoutant progressivement l'huile d'olive. Salez et poivrez. Ajoutez une pointe de piment.
- Réfrigérez pendant 2 heures ou plus et servez bien frais.

Vous pouvez ajouter un peu de poivron taillé en brunoise pour apporter du croquant.

l'atout anti-âge

La couleur rouge du poivron cueilli à pleine maturité indique un taux très élevé en bêtacarotène et en flavonoïdes. Il s'agit aussi d'un des légumes les plus riches en vitamine C. Ces caractéristiques le place parmi les légumes aux plus fortes teneurs en antioxydants, et donc à fort potentiel santé ! Tonifiant et anti-infectieux, il mérite de fréquenter nos assiettes assidûment.

huîtres en gelée au citron vert,
au gingembre et à la coriandre

Préparation 30 min **Prise de la gelée** 4 heures

POUR 4 PERSONNES
16 huîtres spéciales n°2
5 cl de jus de citron vert
10 g de gingembre pelé (poids final)
10 brins de coriandre
1 ciboule
3 feuilles de gélatine (6 g)
Gros sel

- Ouvrez les huîtres en recueillant leur première eau. Détachez-les et placez-les dans un bol. Recueillez la seconde eau. Lavez les coquilles creuses et réservez-les.
- Passez plusieurs fois l'eau des huîtres à travers une étamine pour éliminer toutes les impuretés. Versez-en 20 cl avec 10 cl d'eau dans une petite casserole, ajoutez le gingembre coupé en fins bâtonnets et portez à ébullition. Éteignez, couvrez et laissez infuser pendant 15 minutes. Filtrez et réchauffez l'eau parfumée sans bouillir.
- Faites ramollir la gélatine dans un bol d'eau pendant une dizaine de minutes. Essorez-la et dissolvez-la dans l'eau d'huître au gingembre en remuant avec un fouet. Ajoutez le jus de citron vert, laissez refroidir et réfrigérez.
- Ciselez les feuilles de coriandre. Hachez finement la ciboule. Calez les coquilles d'huîtres creuses dans un lit de gros sel. Déposez dans chacune un peu de coriandre et de ciboule. Posez une huître par-dessus et recouvrez de gelée refroidie encore liquide.
- Réservez au réfrigérateur jusqu'à ce que la gelée soit prise.

Vous pouvez servir ces huîtres en gelée en entrée ou à l'apéritif.

l'atout anti-âge

L'huître constitue l'une des meilleures sources de zinc (une douzaine d'huîtres fournit 100 % des besoins quotidiens en zinc), un minéral qui contribue à la protection de l'organisme, notamment des yeux, et à l'élimination des toxines. Ses composants agissent aussi dans les processus de croissance des cheveux et des ongles. Mettez-les plus souvent au menu !

petits chèvres à l'ail,
fines herbes et raisins secs, salade et vinaigrette de tomates

Préparation 15 min

POUR 4 PERSONNES

250 g de fromage de chèvre frais
1 belle tomate
8 tomates de très petite taille ou 4 moyennes
10 brins de ciboulette
1 branche d'estragon
5 branches de persil plat
Quelques brins de cerfeuil
1 gousse d'ail
1 échalote
40 g de raisins secs
20 ml de vinaigre de Xérès
20 ml d'huile d'olive
Le jus de 1/2 citron
Sel, poivre du moulin

- Mettez les raisins secs dans une petite casserole contenant le vinaigre de Xérès additionné de 20 ml d'eau. Portez à ébullition, puis retirez du feu et laissez macérer pendant le temps de la préparation.
- Coupez les petites tomates en fines rondelles et réservez-les.
- Lavez, séchez et effeuillez les herbes. Hachez-les finement. Pelez, dégermez et écrasez la gousse d'ail. Hachez très finement l'échalote.
- Écrasez le chèvre à la fourchette et poivrez généreusement. Ajoutez l'ail, l'échalote et les herbes. Mélangez parfaitement. Réservez au frais.
- Incisez la plus grosse tomate en croix, plongez-la quelques minutes dans une casserole d'eau bouillante, puis rafraîchissez-la et pelez-la. Ne conservez que la pulpe et mixez celle-ci avec l'huile d'olive et le jus de citron. Salez et poivrez.
- Dressez les chèvres aux fines herbes au centre des assiettes en utilisant un cercle. Recouvrez-les de raisins égouttés. Disposez autour les rondelles de tomate et complétez d'un trait de vinaigrette à la tomate.

Vous pouvez également ajouter quelques pousses de roquette, d'épinards ou de pourpier.

l'atout anti-âge

Avec du fromage de chèvre frais maigre, vous pouvez tout vous permettre… et surtout ajouter des ingrédients riches en saveur et à fort potentiel antioxydant. Fruits secs, ail, huile d'olive, sans oublier les herbes aromatiques, agissent favorablement pour lutter contre l'accumulation des radicaux libres

potage de maïs

Préparation 15 min **Cuisson** 40 min

POUR 4 PERSONNES

450 g de grains de maïs surgelés
2 petites tomates (150 g)
1 oignon
1 gousse d'ail
2 cuil. à soupe de farine de maïs
2 cuil. à soupe d'huile multigraines
1 litre de bouillon de volaille
Quelques brins de coriandre
1 pincée de piment de Cayenne
Sel, poivre

• Faites chauffer l'huile dans une casserole. Mettez-y l'oignon émincé et faites-le suer jusqu'à ce qu'il devienne translucide. Ajoutez le maïs et l'ail grossièrement haché. Faites-les revenir 5 minutes, puis ajoutez la farine de maïs et mélangez bien.

• Versez ensuite le bouillon chaud et ajoutez les tomates coupées en petits morceaux. À l'ébullition, salez et baissez le feu.

• Au bout de 20 minutes, prélevez 4 cuillerées à soupe de grains de maïs et réservez-les. Poursuivez la cuisson à petit bouillon pendant encore 20 minutes. Poivrez et ajoutez une pincée de piment de Cayenne.

• Passez la soupe au blender pour obtenir un velouté. Servez avec un peu de coriandre ciselée et les grains de maïs réservés.

Vous pouvez agrémenter la recette avec des triangles de polenta grillée croustillante.

guacamole

Préparation 20 min

POUR 6 PERSONNES

3 avocats bien mûrs
1 tomate
1 petit oignon
1 gousse d'ail
1/2 citron vert
Tabasco
Sel, poivre

• Incisez la tomate en croix sur le dessus et plongez-la quelques instants dans de l'eau bouillante, puis rincez-la à l'eau fraîche. Pelez-la, coupez-la en quatre et retirez le centre et les graines pour ne conserver que la pulpe. Hachez celle-ci finement au couteau.

• Émincez l'oignon. Hachez finement la chair des avocats au couteau et mélangez-la au jus du demi-citron vert.

• Ajoutez la pulpe de tomate, l'oignon et l'ail écrasé. Salez, poivrez et relevez de quelques gouttes de Tabasco selon votre goût. Mélangez parfaitement.

Préparez le guacamole au dernier moment et servez-le à l'apéritif, avec des chips tortillas.

l'atout anti-âge

potage de maïs

On considère souvent les grains de maïs comme des légumes. Or, le maïs est à l'origine une céréale, avec un taux de glucides (ou sucres) toutefois inférieur à un féculent. Il permet à ce titre de réaliser de délicieuses soupes onctueuses, rassasiantes sans être très caloriques.

l'atout anti-âge

guacamole

L'avocat fait partie des fruits oléagineux, au même titre que l'olive ou les noix, dont on tire des huiles végétales. Il se caractérise donc par sa richesse en lipides (ou graisses) de bonne qualité, dits « insaturés », permettant de préserver la santé cardio-vasculaire. Cet aliment présente en parallèle du glutathion et des vitamines A et E en quantité très intéressante, qui participent à la défense de l'organisme contre le vieillissement cellulaire.

salade d'épinards et de cresson
aux foies de volaille et aux gésiers

Préparation 15 min **Cuisson** 5 min

POUR 4 PERSONNES
150 g de foies de volaille
150 g de gésiers confits
50 g de raisins secs
100 g de pousses d'épinards
1/2 botte de cresson
1/2 oignon doux des Cévennes
1 cuil. à soupe de vinaigre de Xérès
10 g de moutarde
1 cuil. à soupe d'huile d'olive
1 cuil. à soupe d'huile multigraines
Sel, poivre du moulin

- Lavez soigneusement et égouttez les épinards et le cresson. Effeuillez ce dernier. Émincez finement l'oignon.
- Mélangez la moutarde et le vinaigre. Assaisonnez. Ajoutez les huiles et émulsionnez.
- Faites chauffer les gésiers confits dans une poêle. Lorsque la graisse qui les entoure a complètement fondu et qu'ils commencent à crépiter, ajoutez les foies coupés en morceaux et les raisins secs. Salez et poivrez.
- Lorsque que les foies sont bien dorés de tous les côtés, mais encore moelleux, retirez la poêle du feu.
- Assaisonnez les épinards et le cresson avec la vinaigrette. Dressez-les sur les assiettes et déposez par-dessus les foies, les gésiers et les raisins secs chauds. Servez aussitôt.

Vous pouvez aussi servir cette salade en plat principal ; dans ce cas, ajustez les quantités.

l'atout anti-âge

Le cresson stimule l'organisme grâce à sa teneur élevée en vitamine C, et agit aussi comme dépuratif. Riche en bêtacarotène et en vitamine E, il fournit en parallèle de précieux sels minéraux tels le calcium, le magnésium et le phosphore, bien assimilés et très utiles dans la prévention de l'ostéoporose.

salade de betteraves crues
et cuites à la cannelle

Préparation 20 min

POUR 4 PERSONNES
4 petites betteraves cuites
2 petites betteraves crues
1 poignée de pousses de betterave (ou à défaut de pourpier)
Le jus de 1/2 orange
1 cuil. à soupe de vinaigre de cidre
2 cuil. à soupe d'huile d'olive
1/2 cuil. à café de cannelle en poudre
Sel, poivre du moulin

• Mélangez le jus d'orange, le vinaigre, l'huile et la cannelle dans un bol. Salez et poivrez.
• Débitez un cylindre au cœur de chaque betterave cuite et découpez-le en lamelles.
• Épluchez et râpez les betteraves crues. Assaisonnez-les avec la vinaigrette à la cannelle.
• Disposez sur chaque assiette quelques pousses de betterave. Dressez en cercle les disques de betterave cuite et par-dessus un dôme de betterave râpée. Servez sans attendre.

Pour une touche plus spectaculaire et si vous disposez d'un siphon, réalisez une espuma de betterave et présentez l'ensemble en verrines.

l'atout anti-âge

Crue ou cuite, la betterave fournit des substances antioxydantes spécifiques nommées bétalaïnes, qui lui donnent d'ailleurs sa jolie couleur. À déguster dans cette salade imaginative !

salade de harengs
à la pomme de terre et à la pomme verte

Préparation 15 min **Marinade** 4 jours

POUR 4 PERSONNES

Pour les harengs

2 beaux harengs frais en filets
1 oignon doux des Cévennes
2 cuil. à café de sucre de canne
5 cuil. à soupe de vinaigre de cidre
2 cuil. à soupe d'huile d'olive
1 cuil. à café de poivre en grains
1 feuille de laurier
Fleur de sel

Pour la salade

300 g de pommes de terre cuites à l'eau (Chérie ou Charlotte)
1 molossol (gros cornichon russe)
1/2 pomme verte
1 cuil. à soupe de crème fleurette
5 brins d'aneth

Préparation des harengs

- Retirez la peau des harengs : décollez-la légèrement à partir du haut et tirez – elle vient toute seule. Salez légèrement les filets et coupez-les en cinq.
- Coupez l'oignon en fines rondelles.
- Mélangez le vinaigre et le sucre jusqu'à ce que ce dernier soit parfaitement dissous. Ajoutez l'huile, le poivre et le laurier.
- Placez les morceaux de hareng et les rondelles d'oignon dans cette marinade et mélangez bien. Recouvrez d'un film et laissez reposer au réfrigérateur pendant 4 jours en remuant de temps à autre.

Préparation de la salade

- Coupez le molossol en lamelles, puis en très fins bâtonnets et enfin en dés minuscules.
- Pelez les pommes de terre et coupez-les en rondelles. Ciselez l'aneth. Épluchez la demi-pomme verte et coupez-la en petits cubes.
- Transférez les harengs dans un saladier en éliminant une partie de la marinade. Ajoutez la crème fleurette, l'aneth, les dés de molossol et de pomme verte et mélangez.
- Répartissez les rondelles de pommes de terre dans les assiettes et dressez la salade de harengs par-dessus.

Vous pouvez servir cette salade avec des pommes de terre tièdes ou froides.

l'atout anti-âge

Les bonnes graisses (oméga 3) présentes dans le hareng sont sensibles à la chaleur. Une marinade, comme dans cette recette, permet de ne pas détruire les oméga 3 et de conserver tous leurs atouts santé pour les parois cellulaires. Car ce sont eux qui assurent leur renouvellement et leur élasticité durant de longues années…

salade de pamplemousses, avocats et crevettes à la coriandre et au piment

Préparation 25 min
Marinade des crevettes 30 min
Cuisson 15 min

POUR 4 PERSONNES

16 belles crevettes crues
2 avocats
2 pamplemousses
1 petit bouquet de coriandre
2 citrons verts
1 oignon rouge
1 gousse d'ail écrasée
1 cuil. à café de gingembre frais râpé
1/2 cuil. à café de curcuma
2 cuil. à café de sucre en poudre
1,5 cuil. à soupe d'huile d'olive
2 cuil. à soupe de sauce de poisson thaïlandaise (ou de nuoc mam)
1/2 cuil. à café d'huile de sésame
2 petits piments rouges frais
Sel, poivre

- Décortiquez les crevettes et retirez leur boyau.
- Mélangez l'ail, le gingembre, le curcuma, le jus d'un citron vert et l'huile d'olive. Salez légèrement et poivrez. Placez les crevettes dans cette marinade, mélangez bien et réservez au frais pendant 30 minutes. Faites-les ensuite cuire à la vapeur pendant 5 minutes et laissez-les refroidir.
- Lavez, effeuillez et ciselez la coriandre. Pelez à vif les quartiers de pamplemousse. Hachez finement l'oignon rouge.
- Coupez l'avocat en morceaux et mélangez-le dans un saladier avec les ingrédients précédents. Fendez les piments, ôtez les graines et la queue puis hachez-les finement.
- Mélangez le jus du deuxième citron vert avec la sauce de poisson, l'huile de sésame, les piments et le sucre. Assaisonnez le contenu du saladier avec cette sauce.
- Ajoutez les crevettes parfumées, mélangez et servez.

Si vous en trouvez, essayez cette recette avec des pomelos, ces énormes pamplemousses asiatiques délicieux en salade.

l'atout anti-âge

De récentes études sur le curcuma l'ont mis en avant sur la scène des ingrédients santé. Indispensable à la confection du célèbre curry auquel il donne sa belle couleur, il semblerait qu'il ait d'autres attraits. Ainsi, on l'utilise dans le traitement des troubles digestifs et son action anti-inflammatoire le rend tout indiqué contre l'arthrose. Enfin, ses propriétés anti-cancer sont encore à l'étude. À suivre…

salade de soja et radis noir
aux saveurs japonaises

Préparation 20 min

POUR 4 PERSONNES
200 g de pousses de soja
1 radis noir
4 feuilles de salade Trévise
3 ciboules
1 cuil. à café de graines de sésame blond

Pour la sauce
2 cuil. à soupe de vinaigre de riz
3 cuil. à soupe d'huile multigraines (type Isio 4)
1 cuil. à café d'huile de sésame
1 cuil. à soupe de sauce soja
2 cuil. à café de mirin
1 cuil. à café de sucre
1 cuil. à café de gingembre frais râpé

- Mélangez tous les ingrédients de la sauce dans un petit bol.
- Épluchez le radis noir et coupez-le en très fines rondelles à l'aide d'une mandoline. Coupez les feuilles de trévise en fines lamelles. Coupez les ciboules en rondelles.
- Mélangez les pousses de soja, le radis noir, la trévise et la ciboule. Arrosez de sauce.
- Servez la salade dans de petits bols et parsemez-la de graines de sésame.

Pour une préparation plus consistante, ajoutez quelques vermicelles de soja froids.

l'atout anti-âge

Inspirée de la cuisine japonaise, cette recette propose un assaisonnement surprenant pour un Français non initié !
Très parfumés, les ingrédients type sésame (graines et huile) ou sauce soja permettent aussi d'ingérer une bonne quantité de sels minéraux profitables pour notre système nerveux.

soupe à l'oignon gratinée

Préparation 15 min **Cuisson** 45 min

POUR 4 PERSONNES
900 g d'oignons de Roscoff
50 g de beurre
2 cuil. à soupe de farine (15 g)
1 l de bouillon de volaille
100 g d'emmental râpé
16 fines tranches de baguette de campagne
Sel, poivre

- Émincez les oignons. Faites-les suer dans le beurre en mélangeant régulièrement. Lorsqu'ils commencent à blondir, saupoudrez de farine et remuez pendant 2 minutes. Versez ensuite le bouillon chaud et portez à ébullition. Salez, baissez le feu et couvrez. Laissez cuire à petits bouillons pendant 45 minutes. Poivrez généreusement.
- Faites griller les tranches de pain dans le four, puis répartissez-les dans quatre bols en porcelaine à feu. Versez la soupe par-dessus en laissant affleurer le pain et recouvrez d'une couche d'emmental râpé. Passez sous le gril du four jusqu'à ce que le fromage soit gratiné et bien doré.
- Attendez au moins 5 minutes pour déguster, car les soupes sont brûlantes.

L'oignon de Roscoff est une variété particulièrement parfumée. À défaut, vous pourrez le remplacer par des oignons secs ordinaires.

l'atout anti-âge

La quercétine contenue dans l'oignon est un puissant antioxydant : les gros consommateurs d'oignon ont un risque plus faible de mortalité cardio-vasculaire que ceux qui n'en consomment pas. Ses composés soufrés fluidifient également le sang, et limitent ainsi la formation de caillots ou de plaques d'athérome ! Consommés sous forme de soupe, les oignons ont un effet diurétique utile pour drainer les déchets hors de l'organisme.

velouté de potimarron aux carottes, à l'orange et au macis

Préparation 20 min **Cuisson** 10 min

POUR 4 PERSONNES

1 petit potimarron (environ 450 g)
2 belles carottes (environ 350 g)
1 poireau
1 orange
1 gousse d'ail
1 cube de bouillon de volaille
Macis
Gros sel, poivre du moulin

• Coupez le potimarron en morceaux après avoir retiré les graines. En revanche, conservez la peau.

• Lavez soigneusement le poireau et coupez-le en rondelles. Épluchez les carottes et coupez-les en petits morceaux. Pelez et dégermez la gousse d'ail et hachez-la grossièrement.

• Mettez tous les légumes dans l'autocuiseur avec le cube de bouillon. Ajoutez le jus de l'orange et 75 cl d'eau. Salez. Faites cuire 10 minutes à partir de la mise sous pression.

• Mixez la soupe à l'aide d'un blender. Poivrez et ajoutez une pincée de macis, selon votre goût.

Vous pouvez servir ce velouté avec une cuillerée de crème fraîche délayée en spirale ou simplement quelques brins de ciboulette.

soupe au chou

Préparation 20 min **Cuisson** 30 min

POUR 8 PERSONNES

1 chou vert frisé
2 carottes
300 g de pommes de terre
250 g de poitrine de porc fraîche demi-sel
1 oignon
2 gousses d'ail
1 feuille de laurier
1 branche de thym
1 cuil. à soupe de baies de genièvre
20 g de beurre
1 cuil. à soupe d'huile
Sel, poivre

• Épluchez les pommes de terre et les carottes et coupez-les en petits morceaux.

• Coupez la poitrine de porc en lardons après l'avoir débarrassée de la couenne et partiellement dégraissée.

• Faites fondre le beurre avec l'huile dans la marmite de l'autocuiseur. Faites-y revenir les lardons et l'oignon émincé pendant 2 minutes à feu vif. Ajoutez alors les carottes.

• Ôtez les feuilles extérieures du chou. Coupez-le en quatre, retirez le trognon central et émincez finement les feuilles en éliminant les plus grosses nervures. Mettez le chou dans l'autocuiseur et remuez au fur et à mesure que vous l'émincez.

• Dès que le chou est attendri, ajoutez les morceaux de pommes de terre, l'ail écrasé, le laurier, le thym et les baies de genièvre. Versez 2 litres d'eau. Salez légèrement et poivrez. Fermez l'autocuiseur et programmez une cuisson de 20 minutes à partir de la mise sous pression.

Servez la soupe au chou bien chaude, éventuellement accompagnée de tranches de pain de campagne grillées.

l'atout anti-âge

velouté de potimarron aux carottes, à l'orange et au macis

Parmi les courges, les plus colorées offrent le meilleur apport en carotènes. Quand vous cuisinez les autres, proposez un accompagnement de carottes ou d'orange, pour compléter leur composition. Ce mariage nutritionnel donne un résultat gustatif très agréable.

l'atout anti-âge

soupe au chou

Le chou se révèle être l'un des aliments les plus intéressants dans la prévention des cancers digestifs ! De plus, consommé sous forme de soupe non mixée, il offre en quantité des fibres qui favorisent le drainage. Quant aux sels minéraux qui se sont échappés dans le bouillon durant la cuisson, ils sont conservés dans la soupe, au lieu d'être jetés avec l'eau de cuisson si le chou est consommé sous une forme différente.

soupe d'épinards
et tomates à l'indienne

Préparation 20 min **Cuisson** 4 min + 20 min

POUR 4 PERSONNES

500 g d'épinards
4 tomates
1 pomme de terre (160 g)
1 gros oignon
1 gousse d'ail écrasée
20 g de beurre
1 cuil. à soupe d'huile végétale
1 cuil. à café de graines de cumin
1/4 de cuil. à café de coriandre en poudre
1/4 de cuil. à café de gingembre en poudre
1 cuil. à café de sucre
1 feuille de laurier
Gros sel, poivre

• Lavez les épinards feuille à feuille en éliminant soigneusement toute trace de terre. Ôtez les tiges s'il y a lieu. Émincez grossièrement les feuilles et faites-les cuire pendant 4 minutes, sans eau et à feu moyen, dans une marmite couverte. Remuez de temps en temps. Réservez à couvert dans la marmite de cuisson.

• Faites chauffer le beurre et l'huile dans une casserole. Ajoutez les graines de cumin et torréfiez-les pendant une minute, puis ajoutez l'oignon émincé. Au bout de 3 minutes, ajoutez la pomme de terre épluchée et coupée en dés et faites-la rissoler pendant 5 minutes.

• Ajoutez alors les tomates concassées, le sucre, la coriandre, le gingembre et l'ail. Salez et remuez pendant quelques instants, puis mouillez avec 50 cl d'eau et ajoutez le laurier. À l'ébullition, baissez le feu, couvrez et laissez cuire pendant 10 minutes. Ajoutez les épinards tendres et poivrez.

Vous pouvez au choix passer cette soupe au blender ou la servir telle quelle.

l'atout anti-âge

Pour réunir divers ingrédients riches en antioxydants, il suffit parfois de réaliser une bonne soupe de légumes colorés (épinards, tomates), sans oublier les condiments (ail, oignon) et les pommes de terre. L'avantage, c'est que la cuisson ne détruit pas les phytonutriments, alors pensez-y en entrée, chaude ou froide, en hiver comme en été !

soupe miso

Préparation 10 min **Cuisson** 10 min

POUR 4 PERSONNES
35 g de pâte de miso
1 sachet de 10 g de dashi en poudre
1 sachet de 4 g d'algues wakame déshydratées
150 g de tofu frais
2 ciboules
(Tous ces ingrédients sont disponibles dans les épiceries japonaises ou sur Internet.)

• Faites tremper les algues dans un bol d'eau. Coupez le tofu en dés. Coupez les ciboules en fines rondelles.

• Diluez le dashi dans une cuillerée d'eau et faites-le chauffer avec 800 ml d'eau.

• Mélangez la pâte de miso dans un peu de dashi chaud, puis reversez le tout dans la casserole et mélangez bien. Faites chauffer doucement en évitant l'ébullition.

• Ajoutez les dés de tofu, puis les algues. Au bout de quelques instants, retirez du feu et versez dans les bols. Ajoutez la ciboule et servez aussitôt.

Les Japonais apprécient la soupe miso à toute heure, et notamment au petit déjeuner…

l'atout anti-âge

Le miso est une pâte fermentée réalisée à partir de graines de soja, de riz ou d'orge, de sel marin, d'eau et d'un champignon. Reconnu au japon comme « aliment-santé », il contient tous les acides aminés essentiels (protéines), ce qui n'est généralement pas le cas des aliments d'origine végétale. Sa richesse en enzymes lui confère des vertus dynamisantes pour l'organisme. Une petite quantité suffit pour profiter de ses qualités nutritives, sans abuser de ce condiment très salé.

sunomono aux encornets

Préparation 15 min + 30 min (dégorgement des concombres) **Cuisson** 3 min **Réfrigération** 1 heure

POUR 4 PERSONNES

3 ou 4 petits encornets (200 g)
3 petits concombres
5 g d'algues wakame déshydratées
4 cuil. à soupe de vinaigre de riz
1 cuil. à soupe de mirin
1 cuil. à soupe de sauce soja
1 cuil. à soupe de sucre
1 cuil. à soupe de graines de sésame

• Nettoyez et préparez les encornets. Faites-les cuire 3 minutes à la vapeur et laissez-les refroidir.

• Épluchez les concombres et coupez-les en fines rondelles. Salez-les et laissez-les dégorger pendant 30 minutes. Faites tremper les algues dans un bol d'eau pendant quelques minutes.

• Dans une petite casserole, mélangez le vinaigre de riz, le mirin, la sauce soja, le sucre et 6 cuillerées à soupe d'eau. Faites tiédir légèrement, puis laissez refroidir dans un petit saladier.

• Coupez les encornets en fines rondelles.

• Essorez les rondelles de concombre et les algues et placez-les dans le saladier. Ajoutez les encornets et mélangez bien. Réfrigérez pendant 1 heure.

• Servez dans de petits bols et parsemez de graines de sésame.

La recette traditionnelle, qui ne comporte que les concombres et les algues, est également très rafraîchissante.

l'atout anti-âge

Les algues, tel le wakame, font partie des aliments les plus riches en sels minéraux et oligo-éléments ! Elles regorgent d'iode, un nutriment dont l'insuffisance provoque une hypothyroïdie (ralentissement général, fatigue, dépression). Elles sont aussi très intéressantes pour leurs taux élevés en zinc, sélénium, cuivre, magnésium et vitamines (B 12 surtout) ! Autant d'ingrédients qui aident à lutter contre le vieillissement des cellules, et dont notre alimentation manque cruellement.

taboulé de chou-fleur
à la pomme verte

Préparation 25 min

POUR 4 À 6 PERSONNES
1 petit chou-fleur
1 pomme Granny Smith
1/2 concombre
2 tomates
1 petit oignon rouge
1 gousse d'ail
1/2 bouquet de coriandre
4 branches de menthe
Le jus de 1/2 citron jaune
Le jus de 1/2 citron vert
3 cuil. à soupe d'huile d'olive
Sel, poivre

- Pelez, dégermez et écrasez la gousse d'ail. Mélangez-la avec le jus des citrons et l'huile d'olive. Assaisonnez.
- Râpez les bouquets de chou-fleur, à l'exception des pieds, pour obtenir une sorte de semoule.
- Lavez, effeuillez et ciselez les herbes. Hachez l'oignon.
- Pelez et épépinez les tomates. Coupez-les en petits dés. Épluchez le demi-concombre et coupez-le en petits dés en éliminant les graines du centre. Épluchez la pomme et coupez-la en petits dés.
- Mélangez les légumes, les fruits et les herbes avec la sauce.

Il est préférable de préparer ce taboulé au dernier moment pour conserver le croquant de la pomme et éviter que le concombre dégorge.

l'atout anti-âge

Ce taboulé à base de chou-fleur cru est idéal pour profiter de l'excellent taux de vitamine C (équivalent à celui d'un agrume) de ce légume et bien le digérer ! Faisant partie de la grande famille des crucifères (choux), il affiche un taux élevé en soufre (80-100 mg pour 100 g), une précieuse substance dotée de propriétés « anti-cancer ».

terrine de foie de lotte

Préparation 10 min **Cuisson** 30 min (court-bouillon) + 5 min (foie) **Réfrigération** 24 heures

POUR 4 PERSONNES

1 foie de lotte bien frais, déveiné
1 carotte
1 oignon
30 cl de vin blanc
10 cl de vinaigre de vin blanc
1 bouquet garni (laurier, thym, romarin, persil plat)
Huile d'olive
Gros sel
Poivre concassé

- Épluchez la carotte et coupez-la en tronçons. Coupez l'oignon en huit. Mettez-les dans une casserole avec le bouquet garni, le vin blanc, le vinaigre et 70 cl d'eau. Portez à ébullition, salez. Laissez bouillir doucement pendant 30 minutes et retirez du feu.
- Passez le court-bouillon et portez-le à nouveau à ébullition. Plongez le foie de lotte dans la casserole et faites-le pocher pendant 5 minutes.
- Égouttez les lobes de foie et placez-les dans une terrine en intercalant quelques pincées de poivre concassé.
- Tassez ensuite à l'aide d'une planchette surmontée d'un poids (ou à défaut de deux boîtes de conserve). Placez au réfrigérateur pendant 12 heures.
- Le lendemain, retirez la planchette. Si la graisse du foie de lotte ne suffit pas à le recouvrir, ajoutez un peu d'huile d'olive.
- Laissez reposer au frais pendant encore 12 heures avant de déguster avec des tranches de pain grillé.

Vous pouvez également déguster cette terrine en ajoutant quelques gouttes de jus de citron vert, c'est un régal.

l'atout anti-âge

Contrairement aux terrines charcutières, à base de porc pour la plupart, celle-ci ne fournit quasiment aucune graisse saturée. En effet, foies de poisson et huile d'olive sont riches en graisses insaturées de qualité, qui contribuent à la prévention des maladies cardio-vasculaires.

crème d'ail doux

Préparation 20 min **Cuisson** 30 min + 10 min

POUR 4 À 6 PERSONNES
2 têtes d'ail
1 grosse pomme de terre (400 g)
100 g de pois cassés
1 échalote
1 petit oignon
1 cube de bouillon de volaille
1 feuille de laurier
Huile d'olive
Gros sel, poivre

- Préchauffez le four à 180° C.
- Détachez les gousses d'ail et placez-les dans un plat avec un petit fond d'eau. Arrosez d'huile d'olive et mélangez bien pour humecter toutes les gousses. Enfournez 30 minutes. Retirez ensuite le plat et réservez.
- Épluchez la pomme de terre et coupez-la en petits morceaux. Émincez l'oignon et l'échalote.
- Mettez le cube de bouillon, la pomme de terre, les pois cassés, l'oignon, l'échalote et le laurier dans l'autocuiseur. Ajoutez 1 litre d'eau et salez. Fermez l'autocuiseur et faites cuire pendant 10 minutes à partir de la mise sous pression.
- Fendez les gousses d'ail rôties, extrayez la chair fondante et mixez-la dans un blender avec la soupe cuite après avoir retiré la feuille de laurier. Poivrez.

Grâce au blender, on obtient un velouté épais et onctueux sans ajout de crème fraîche.

l'atout anti-âge

Grâce à ses composés soufrés, qui lui donnent cette odeur caractéristique, l'ail agit efficacement comme protecteur du cœur et des artères. Une consommation régulière suffit à faire baisser le taux de mauvais cholestérol (LDL) tout en augmentant légèrement le taux de bon cholestérol (HDL). Il fait également baisser la tension artérielle chez les personnes ayant une hypertension modérée. Voilà de bonnes raisons pour ne pas le négliger dans nos recettes et se faire une bonne soupe d'ail de temps en temps !

pain de maïs

Préparation 20 min **Cuisson** 30 min

POUR 6 PERSONNES

120 g de farine de blé
50 g de farine de maïs
50 g de semoule de maïs (attention, ne pas utiliser de polenta « express »)
1 cuil. à soupe de levure chimique (14 g)
1/2 cuil. à café de sel
15 g de sucre brun
25 cl de lait entier à température ambiante
30 g de beurre fondu
20 g d'huile d'olive
2 œufs à température ambiante
120 g de grains de maïs blanchis surgelés
1 petit piment vert frais épépiné et finement haché

- Mélangez les farines, la semoule, la levure et le sel.
- Battez légèrement les œufs avec le sucre, puis incorporez-les aux poudres. Ajoutez progressivement le beurre fondu, l'huile et enfin le lait.
- Quand la pâte est bien homogène, ajoutez le piment et les grains de maïs. Incorporez ceux-ci à l'aide d'une spatule pour ne pas risquer de les écraser.
- Préchauffez le four à 200° C.
- Versez la pâte dans un moule beurré et fariné. Enfournez pour une cuisson de 30 minutes.

Ce pain de maïs se conserve 2 à 3 jours protégé par un film. Il est également délicieux grillé.

l'atout anti-âge

La farine de maïs n'est pas panifiable, car elle ne contient pas de gluten, une protéine permettant de faire lever la pâte. Elle n'en est que plus digeste ! Toutefois, il faut l'associer à du blé pour obtenir un bon résultat. C'est aussi l'occasion de manger le maïs sous ses différentes formes. Sachez enfin qu'il s'agit de la seule céréale contenant de la vitamine A, ce qui lui donne sa belle couleur jaune.

sauce tomate au poivron rouge

Préparation 15 min **Cuisson** 50 min

POUR 4 PERSONNES
4 grosses tomates
2 poivrons rouges
1 oignon
1 gousse d'ail
1 feuille de laurier
1 branche de thym
Origan frais ou séché
Piment d'Espelette
Huile d'olive
Gros sel, poivre du moulin

• Faites chauffer un peu d'huile d'olive dans une casserole et mettez-y à suer l'oignon émincé.

• Coupez la chair des poivrons en lanières puis en petits dés. Mettez-les dans la casserole lorsque l'oignon commence à se colorer. Ajoutez l'ail finement haché et mélangez. Laissez cuire à feu doux pendant une vingtaine de minutes.

• Pendant ce temps, coupez les tomates en petits dés en retirant la partie centrale blanche et une partie des graines. Ajoutez-les aux poivrons. Salez. Ajoutez le laurier, le thym, un peu d'origan et de piment et remuez. Couvrez et laissez mijoter pendant 30 minutes, puis retirez le couvercle et poursuivez la cuisson encore 10 minutes en remuant régulièrement. Poivrez au moment de servir.

Cette sauce est idéale pour les pâtes, mais peut également accompagner de l'agneau ou du thon.

l'atout anti-âge

La couleur rouge de la tomate indique la présence de lycopène, un antioxydant très puissant. Il protège des effets délétères du vieillissement, notamment sur les cellules de la peau, du système nerveux et cardio-vasculaire. Cette action protectrice semble encore plus efficace quand le légume est cuit, et associé à de l'huile, comme dans cette délicieuse sauce tomate !

cailles aux raisins noirs

Préparation 20 min **Cuisson** 50 min

POUR 4 PERSONNES
4 cailles
1 grappe de raisin noir de 500 à 600 g, si possible à gros grains
1 oignon
1 échalote
10 cl de fond de veau
10 cl de vin rouge
1 feuille de laurier
5 brins de thym
Beurre, huile
Sel, poivre

- Faites fondre un morceau de beurre dans une cocotte avec un peu d'huile. Ajoutez l'oignon et l'échalote émincés.
- Assaisonnez les cailles et placez un brin de thym dans chacune d'elles. Mettez-les dans la cocotte dès que l'oignon et l'échalote atteignent une légère coloration. Faites-les dorer sur toutes les faces, puis mouillez avec le fond de veau et le vin. Ajoutez une feuille de laurier et une branche de thym. Couvrez et laissez mijoter à feu doux en retournant les cailles de temps à autre.
- Lavez le raisin. Détachez les grains, coupez-les en deux et retirez les pépins. Au bout de 40 minutes de cuisson, mettez les grains de raisin dans la cocotte. Laissez cuire doucement à couvert pendant encore 10 minutes. Retirez alors les cailles et le raisin et réservez-les au chaud. Faites épaissir la sauce pour lui donner une consistance sirupeuse.
- Rectifiez l'assaisonnement et servez aussitôt.

Ce plat sucré-salé s'accordera parfaitement avec une purée de pommes de terre ou une portion de semoule.

l'atout anti-âge

Plus un fruit (ou un légume) est pigmenté, plus il contient d'antioxydants. Ainsi, le raisin noir se distingue du blanc par sa teneur plus élevée en polyphénols. Il s'agit d'ailleurs du fruit qui en contient le plus, devant la mûre ! Profitez-en en pleine saison pour en manger en dessert ou en garniture d'un plat principal. Comme il fournit peu de vitamine C, la cuisson ne lui est pas préjudiciable.

chili con atún

Préparation 12 min **Trempage des haricots** 12 heures **Cuisson** 3 h 15

POUR 4 PERSONNES
300 g de haricots rouges secs
600 g de filet de thon rouge
6 tomates (800 g)
1 poivron rouge
2 oignons
2 gousses d'ail
2 cuil. à café de piment de Cayenne
2 cuil. à café de cumin
1 cuil. à café d'origan séché
Quelques branches de thym
3 feuilles de laurier
Huile d'olive
Tabasco (facultatif)
Sel, poivre

- La veille, plongez les haricots dans un grand récipient d'eau froide et laissez-les tremper pendant 12 heures.
- Le lendemain, égouttez les haricots. Placez-les dans une casserole d'eau avec une feuille de laurier et portez à ébullition en démarrant à froid. Ne salez pas. Poursuivez la cuisson à petit bouillon pendant 2 heures et demie en rajoutant de l'eau bouillante lorsque c'est nécessaire.
- Coupez le thon en gros cubes et hachez-le. N'utilisez pas de mixeur mais un hachoir. Vous pouvez placer les morceaux de thon au congélateur pendant 1/2 heure pour les raffermir et faciliter le hachage.
- Émincez les oignons et faites-les suer dans une cocotte avec un peu d'huile. Lorsqu'ils deviennent translucides, ajoutez le poivron coupé en morceaux. Laissez revenir pendant quelques minutes, puis ajoutez les tomates concassées et les gousses d'ail pelées et écrasées. Salez, poivrez, ajoutez le piment, le cumin, l'origan, le thym et 2 feuilles de laurier. Mélangez bien et laissez cuire doucement pendant quelques minutes, puis ajoutez les haricots avec 15 cl de jus de cuisson. Couvrez et laissez mijoter 30 minutes en remuant régulièrement, puis encore 15 minutes à découvert pour laisser épaissir la sauce.
- Vous pouvez ajouter quelques gouttes de Tabasco à la fin de la cuisson si vous préférez un goût très relevé.

Ce plat, variante marine du fameux chili con carne, peut se réchauffer autant de fois qu'on le souhaite, il n'en est que meilleur.

l'atout anti-âge

chili con carne

Les haricots secs font partie des féculents, tout comme les pommes de terre ou le riz, en raison de leur apport intéressant en glucides (ou sucres) lents. Ils offrent toutefois des atouts nutritionnels supplémentaires : richesse en magnésium, en fer, en calcium, en zinc et surtout en fibres ! De ce fait, une petite quantité suffit pour rassasier l'estomac, tout en bénéficiant de divers nutriments bénéfiques pour maintenir la vitalité de l'organisme. Quant aux haricots rouges, ils contiennent plus d'antioxydants que les blancs. Pensez à préparer un plat de légumes secs chaque semaine.

coquelet rôti au citron et à l'estragon

Préparation 20 min **Cuisson** 1 heure

POUR 4 PERSONNES

1 beau coquelet fermier (1,1 kg)
500 g de pommes de terre grenaille
5 gousses d'ail
2 petites tomates concassées
1 petit piment frais rouge finement haché
1 citron non traité
3 branches d'estragon
1/4 de cuil. à café de curcuma
3 cuil. à soupe de sauce soja
15 g de beurre
4 cuil. à soupe d'huile d'olive
Sel, poivre

- Prélevez le zeste du citron et hachez-le finement. Effeuillez 2 branches d'estragon et ciselez-les.
- Faites tout juste fondre le beurre : il doit être encore opaque et onctueux. Mélangez-le avec 2 cuillerées à soupe d'huile d'olive, 1 cuillerée à soupe de sauce soja, le zeste du citron et 2 cuillerées à soupe de son jus, l'estragon, une gousse d'ail pelée et écrasée, le piment et le curcuma. Salez et poivrez.
- Passez la main sous la peau du coquelet pour la décoller de la chair, en veillant à ne pas la déchirer. Badigeonnez le coquelet de la préparation précédente, sous la peau, en allant aussi loin que possible.
- Préchauffez le four à 180° C.
- Dans le plat de cuisson, mélangez 2 cuillerées à soupe d'huile, 2 cuillerées à soupe de sauce soja, 2 cuillerées à soupe de jus de citron et 2 cuillerées à soupe d'eau. Ajoutez les tomates, 4 gousses d'ail en chemise et les pommes de terre coupées ou non, selon leur taille. Salez légèrement et poivrez. Placez le coquelet au centre.
- Enfournez le plat pour une cuisson d'une heure.

Arrosez le poulet et les pommes de terre grenaille à plusieurs reprises en cours de cuisson.

l'atout anti-âge

La pomme de terre représente l'une des meilleure source de potassium, à condition de la cuire à la vapeur, ou, comme ici, au four avec sa peau. Ce précieux nutriment joue le rôle d'antidote à notre alimentation moderne trop salée et insuffisante en fruits et légumes (autre source majeure de potassium). Il participe à la prévention de l'hypertension artérielle et de l'ostéoporose (en limitant la perte de calcium urinaire).

filets de maquereau rôtis
à la moutarde et au curcuma

Préparation 5 min **Marinade** 2 heures **Cuisson** 20 min

POUR 4 PERSONNES
4 beaux filets de maquereau
2 cuil. à soupe de sauce soja
1 cuil. à soupe de miel
1 cuil. à soupe de moutarde
1/4 de cuil. à café de cinq épices
1/2 cuil. à café de curcuma
1 pincée de piment d'Espelette
Poivre du moulin

- Mélangez la sauce soja, le miel, la moutarde, l'huile et les épices dans un plat allant au four. Placez les filets de maquereau dans le plat en les enduisant bien de sauce et laissez-les mariner au frais pendant 2 heures ou plus.
- Préchauffez le four à 180° C et mettez-y les poissons avec leur marinade pendant 20 minutes. Retournez les filets à mi-cuisson.
- Servez aussitôt.

Vous pourrez accompagner ces filets d'une salade dont vous préparerez la sauce à partir des mêmes ingrédients que la marinade.

l'atout anti-âge

Le maquereau fait partie des poissons gras riches en acides gras essentiels (types oméga 3). Ceux-ci agissent de façon favorable contre le vieillissement : ils réduisent les risques de maladies cardio-vasculaires (en agissant sur les triglycérides, la fluidité sanguine et le rythme cardiaque), et sont indispensables au cerveau (bon fonctionnement du système cérébral et prévention de la maladie d'Alzheimer).

foie de veau au vin rouge et aux framboises

Préparation 5 min **Cuisson** 10 min

POUR 4 PERSONNES
4 tranches de foie de veau
1 barquette de framboises
2 cuil. à soupe de vinaigre à la framboise
6 cuil. à soupe de vin rouge
Beurre
Huile

- Saisissez les tranches de foie dans un mélange beurre-huile, d'abord à feu vif puis à feu plus doux. Faites-les cuire quelques minutes de chaque côté en veillant à ce que le foie reste tendre. Si vous l'aimez rosé, la cuisson ne doit pas excéder 2 à 3 minutes sur chaque côté.
- Réservez le foie au chaud.
- Déglacez la poêle avec le vinaigre et le vin. Laissez réduire jusqu'à consistance sirupeuse.
- Ajoutez les framboises et faites-les juste tiédir quelques secondes.
- Servez aussitôt les tranches de foie de veau avec un trait de sauce et quelques framboises.

Attention à la cuisson du foie, qui ne doit surtout pas se dessécher.

magret de canard aux airelles

Préparation 5 min **Cuisson** 15 min

POUR 4 PERSONNES
2 magrets de canard
230 g d'airelles
2 cuil. à soupe de sucre de canne blond
1 cuil. à soupe de cognac
1 cuil. à soupe de crème fraîche épaisse
Sel, poivre du moulin

- Saisissez le magret côté peau dans une poêle, sans ajout de graisse. Au bout de 5 minutes, retournez-le et poursuivez la cuisson 5 minutes si vous l'aimez très rosé. Si vous préférez le magret à point, faites-le cuire 10 minutes côté peau et 5 minutes côté chair. Salez et poivrez. Réservez au chaud.
- Enlevez la graisse de la poêle et déglacez avec le cognac. Ajoutez 200 g d'airelles et le sucre. Laissez compoter pendant 2 minutes en remuant régulièrement. Ajoutez alors la crème fraîche et le reste des airelles. Mélangez sur le feu pendant une minute.
- Servez aussitôt le magret coupé en tranches et accompagné de sa compotée d'airelles.

Une petite salade et une quenelle de purée de pommes de terre finiront d'accompagner le magret.

l'atout anti-âge

foie de veau au vin rouge et aux framboises

De nombreuses publications ont vanté les mérites du vin rouge dans la prévention des maladies cardio-vasculaires. Il est vrai qu'il contient plusieurs principes actifs, dont les tanins, les polyphénols et des flavonoïdes dont fait partie le resvératrol (absent du jus de raisin et du vin blanc). Ce dernier possède une puissante activité antioxydante qui augmente le bon cholestérol (HDL). Attention, au-delà d'un verre de vin rouge* par jour, la toxicité de l'alcool prend le pas sur les bénéfices santé.

** Très précisément 125 ml de vin par jour pour un effet protecteur maximal, selon une étude française de Serge Renaud (menée sur 34 000 personnes).*

l'atout anti-âge

magret de canard aux airelles

Par leur belle couleur rouge, les airelles indiquent clairement leur taux élevé d'antioxydants. Cuites, elles maintiennent cet atout. Alors, n'hésitez plus à les glisser dans vos recettes de gibiers ou de volaille, pour profiter de leur saveur et donner du tonus à vos cellules !

gratin de blettes au cantal jeune

Préparation 15 min **Cuisson** 30 à 35 min

POUR 4 À 6 PERSONNES

1 kg de blettes
1 oignon
30 g de beurre + un peu pour le plat
1 cuil. à soupe d'huile d'olive
2 œufs
70 g de crème fraîche épaisse
100 g de cantal jeune
Quelques brins de ciboulette
Sel, poivre

- Faites chauffer le beurre et l'huile dans une sauteuse. Émincez l'oignon et mettez-le à suer.
- Lavez soigneusement les blettes. Coupez les côtes en tronçons d'environ 1,5 cm et les feuilles en lanières. Mettez-les dans la sauteuse en commençant par les côtes. Au bout de quelques instants, ajoutez les feuilles, salez, poivrez et remuez. Laissez cuire doucement à découvert pendant 15 minutes.
- Râpez le fromage. Battez les œufs avec la crème fraîche. Ajoutez la ciboulette ciselée. Salez et poivrez.
- Remplissez un plat à gratin beurré avec les blettes. Parsemez avec la moitié du cantal râpé. Versez la crème aux œufs, puis recouvrez avec le reste du fromage.
- Faites cuire 15 à 20 minutes dans un four préchauffé à 200° C.

Surveillez votre cuisson : le gratin est prêt quand il est bien doré.

l'atout anti-âge

Ce gratin associe des blettes riches en fibres, des œufs sources de protéines de qualité et du fromage bien pourvu en calcium. Il constitue à ce titre une très bonne alternative à un plat composé de viande (ou poisson) garni de légumes. Terminez le repas par une salade de fruits frais prodigue en vitamine C et votre menu sera complet !

lasagnes complètes
saumon-épinards

Préparation 1 heure **Cuisson** 35 min

POUR 6 PERSONNES

Pour la pâte

350 g de farine complète T110
3 œufs
30 ml d'eau tiède (2 cuil. à soupe)
Sel
Un peu de farine ordinaire pour le plan de travail

Pour la garniture

600 g d'épinards
600 g de pavé de saumon frais
3 cuil. à soupe de crème fraîche épaisse
400 g de ricotta de vache
50 g de parmesan fraîchement râpé
2 jaunes d'œufs
2 échalotes
Huile d'olive
Noix de muscade
Sel, poivre

- Mélangez les ingrédients de la pâte au robot avec le batteur plat puis pétrissez au crochet pendant quelques minutes. Achevez de travailler la pâte à la main, puis partagez-la en huit boules, filmez-les et réservez-les au frais pendant 30 minutes. La pâte doit être souple, mais consistante, et ne pas coller aux doigts.
- Aplatissez un pâton et passez-le dans le laminoir au cran n°1. Repliez-le sur lui-même et repassez-le dans le laminoir. Renouvelez l'opération plusieurs fois pour détendre et assouplir la pâte. Réglez sur le cran n°2 et faites glisser le pâton, puis augmentez de cran en cran jusqu'à obtenir une longue bande de l'épaisseur voulue. Farinez très légèrement la pâte pour faciliter son passage. Procédez de même pour les autres pâtons. Déposez les bandes de pâte à plat sur un linge et recouvrez-les d'un deuxième tissu pour qu'elles ne sèchent pas.
- Lavez les épinards. Retirez les tiges en suivant la nervure centrale. Émincez-les grossièrement. Chauffez un peu d'huile d'olive dans une grande sauteuse. Faites-y suer les échalotes émincées, puis ajoutez les épinards. Salez et remuez jusqu'à ce qu'ils « baissent » en volume. Couvrez et laissez cuire pendant 4 minutes. Ajoutez la crème fraîche et remuez.
- Mélangez au fouet la ricotta, les jaunes d'œufs et 2 cuillerées à soupe d'huile d'olive. Poivrez généreusement et râpez un peu de muscade.
- Coupez le saumon en lanières.
- Huilez un plat rectangulaire. Tapissez le fond d'un peu de mélange à la ricotta, posez par-dessus des feuilles de lasagne, recouvrez-les de ricotta, parsemez de parmesan râpé, disposez des lanières de saumon, salez et poivrez, recouvrez d'une couche d'épinards. Continuez en alternant les couches et en terminant par des feuilles de lasagne recouvertes du mélange crémeux et de parmesan.
- Faites cuire dans le four préchauffé à 180° C pendant 35 minutes.

Accompagnez ces lasagnes d'une bonne salade verte.

l'atout anti-âge

Ces lasagnes offrent le tiercé gagnant : des pâtes complètes aux glucides (ou sucres) très lents, des épinards riches en carotènes et fibres, du saumon, source d'acides gras essentiels (oméga 3) utiles pour prévenir les affections cardio-vasculaires ! Une recette aussi gourmande que bénéfique.

noix de Saint-Jacques
en croûte de thé vert

Préparation 20 min **Marinade** 30 min **Cuisson** 3 min + 1 min

POUR 4 PERSONNES

16 belles noix de Saint-Jacques sans corail
1 cuil. à soupe de thé Sencha
5 g + 1/4 de cuil. à café de thé vert Matcha
200 g de pâtes japonaises au thé vert
Restes de pain sec
20 g de beurre
1 cuil. à soupe d'huile d'olive
1 cuil. à café de fleur de sel
1 pincée d'algues Nori en lamelles

- Faites infuser le Sencha pendant une minute et demie dans une eau à 70° C. Versez-le sur les noix de Saint-Jacques et laissez-les mariner pendant 30 minutes.
- Desséchez le pain au four si nécessaire, puis mixez-le. Mélangez 40 g de cette chapelure avec 5 g de thé vert Matcha.
- Faites cuire les pâtes environ 3 minutes dans l'eau bouillante salée. Rincez-les et réservez.
- Mélangez 1 cuillerée à café de fleur de sel avec 1/4 de cuillerée à café de thé vert Matcha. Réservez.
- Égouttez et séchez les noix de Saint-Jacques, passez-les dans la chapelure au thé vert. Faites chauffer le beurre et l'huile dans une poêle. Saisissez les noix de Saint-Jacques à feu vif, 30 secondes de chaque côté. Déposez-les dans des assiettes chaudes. Parsemez-les de la fleur de sel au thé vert.
- Faites sauter brièvement les pâtes dans la poêle de cuisson des Saint-Jacques et répartissez-les dans les assiettes. Ajoutez une pincée d'algues Nori. Servez aussitôt.

Si vous ne disposez pas de pâtes japonaises au thé vert, remplacez-les par des nouilles asiatiques nature.

l'atout anti-âge

La noix de Saint-Jacques, comme tous les coquillages, affiche un taux de protéines aussi intéressant que le poisson ou la viande. Elle fournit même un taux plus élevé en lysine, un acide aminé insuffisamment présent au contraire dans les céréales. D'où l'intérêt d'associer ces noix de Saint-Jacques avec des pâtes japonaises. Cette complémentarité permet au corps de renouveler ses tissus et de maintenir un bon état de la peau et des cheveux.

papillote de lieu jaune
aux agrumes

Préparation 10 min **Cuisson** 10 min

POUR 4 PERSONNES
800 g de lieu jaune (4 morceaux épais)
1/2 pamplemousse non traité
1/2 orange non traitée
1/2 citron non traité
2 branches d'aneth
1 cuil. à café de gingembre frais râpé
1 cuil. à café de graines de fenouil
1 poignée de pousses d'épinard
2 cuil. à soupe d'huile d'olive + un peu pour la papillote
Fleur de sel, poivre du moulin

- Effeuillez et ciselez finement l'aneth.
- Prélevez les zestes des agrumes et hachez-les finement.
- Mélangez les jus avec l'huile d'olive, l'aneth, le gingembre et les graines de fenouil.
- Préchauffez le four à 200° C.
- Huilez légèrement 4 feuilles de papier aluminium sur leur côté brillant. Formez sur chacune un petit lit de pousses d'épinard. Déposez par-dessus un morceau de lieu jaune poivré. Relevez le papier aluminium tout autour du poisson. Arrosez de sauce, parsemez de fleur de sel et refermez la papillote.
- Disposez les quatre papillotes dans un plat et faites cuire au four pendant 10 minutes.
- Servez aussitôt le poisson dans sa papillote.

Ce mode de cuisson, particulièrement respectueux de la texture des aliments, est idéal pour les poissons blancs.

l'atout anti-âge

La cuisson en papillote offre un double avantage : elle préserve la saveur des aliments et elle conserve l'essentiel des éléments nutritifs à l'intérieur des aliments. Au lieu de fuir dans l'eau ou d'être détruits par une cuisson trop longue et trop élevée, ils cuisent tout doucement. Vitamines, acides gras, minéraux répondront présents !

pâtes aux brocolis

Préparation 15 min **Cuisson** 10 min + 3 min + cuisson des pâtes

POUR 4 PERSONNES

Un paquet de tagliatelles complètes
1 tête de brocoli
2 tranches de poitrine fumée assez fines
25 g de beurre
Huile
Noix de muscade
Sel, poivre

- Détachez les bouquets de brocoli. Émincez-les et réservez les plus jolies tranches. Coupez le pied en morceaux.
- Faites cuire les chutes des bouquets et les morceaux de pied pendant 10 minutes à la vapeur. Mélangez-les ensuite avec le beurre coupé en morceaux et réduisez-les en purée à l'aide d'un mixeur plongeant. Salez, poivrez et ajoutez une pointe de noix de muscade râpée.
- Placez les tranches de brocoli à plat dans le panier vapeur et cuisez-les 3 minutes seulement pour qu'elles restent croquantes.
- Coupez la poitrine fumée en tout petits dés et faites-les dorer à la poêle.
- Faites cuire les pâtes dans un grand volume d'eau salée additionnée d'un peu d'huile. Mélangez-les avec la purée de brocolis délayée avec un peu de leur eau de cuisson. Ajoutez les petits lardons. Décorez avec les tranches de brocoli.

Cette onctueuse sauce aux brocolis pourra également agrémenter une viande blanche ou un poisson.

l'atout anti-âge

Vous trouverez facilement aujourd'hui des pâtes complètes de qualité. Plus riches en magnésium et en vitamines du groupe B, elles contiennent aussi plus de fibres. À taux calorique identique aux pâtes « blanches » (raffinées), elles ont l'avantage d'être digérées encore plus lentement car leurs glucides sont ralentis par la présence des fibres. Garnies de légumes également fibreux types brocolis (ou poireaux, poivrons, etc.), elles constituent un plat encore plus équilibré !

petits soufflés aux artichauts

Préparation 20 min **Cuisson** 20 min + 25 min

POUR 4 PERSONNES
300 g de fonds d'artichaut blanchis surgelés, décongelés
90 g d'emmental râpé
3 jaunes et 4 blancs d'œufs
40 g de farine + un peu pour les moules
60 g de beurre + un peu pour les moules
15 cl de lait entier
1 gousse d'ail
Sel, poivre du moulin

- Faites fondre 20 g de beurre dans une petite casserole. Ajoutez les fonds d'artichaut coupés en morceaux et la gousse d'ail hachée grossièrement.
- Faites-les revenir pendant 3 minutes puis couvrez et laissez cuire doucement pendant 10 minutes. Salez et poivrez. Mouillez avec un peu d'eau et poursuivez la cuisson encore 10 minutes en remuant régulièrement. Réduisez ensuite en purée à l'aide d'un mixeur plongeant.
- Faites fondre 40 g de beurre, ajoutez la farine d'un seul coup. Remuez avec une cuiller en bois jusqu'à ébullition. Versez le lait. Remuez quelques instants jusqu'à l'obtention d'une pâte homogène qui se détache des parois.
- Retirez alors du feu et incorporez les jaunes d'œufs un par un, puis la purée d'artichaut. Salez légèrement et poivrez généreusement. Ajoutez l'emmental et mélangez bien.
- Montez les 4 blancs d'œufs en neige ferme. Incorporez-les délicatement et progressivement à la préparation précédente.
- Répartissez l'appareil dans les moules à soufflé individuels beurrés et farinés en laissant une petite marge. Enfournez 20 à 25 minutes dans un four préchauffé à 180° C, selon la taille des moules.

Servez les soufflés dès la sortie du four, accompagnés d'une petite salade verte.

l'atout anti-âge

Sans œuf, pas de soufflé ! Ce serait dommage de se priver d'une aussi bonne source de protéines et de vitamine D, mais pas seulement… L'œuf est également bénéfique pour la santé des yeux. Les caroténoïdes, qui donnent sa couleur au jaune d'œuf, contribuent à l'acuité visuelle et jouent un rôle préventif contre la cécité !

pintade aux pruneaux

Préparation 15 min **Cuisson** 1 heure

POUR 6 PERSONNES

1 pintade fermière en morceaux
2 tranches de poitrine fumée (120 g)
18 pruneaux
2 carottes
1 grosse échalote
15 cl de vin blanc
15 cl de fond de volaille
1 branche de thym
1 petit brin de romarin
1 feuille de laurier
Huile
Piment d'Espelette
Sel, poivre

- Coupez la poitrine fumée en petits lardons après avoir retiré la couenne.
- Assaisonnez les morceaux de pintade (sel, poivre, piment d'Espelette). Graissez le fond d'une cocotte en fonte et faites-y revenir les morceaux de pintade avec les lardons. Ajoutez l'échalote coupée en fines rondelles.
- Lorsque les morceaux de viande sont dorés sur toutes les faces, ajoutez la carotte coupée en bâtonnets, le thym, le laurier et le romarin, et mouillez avec le vin blanc et le fond de volaille. Couvrez et laissez mijoter pendant 40 minutes. Ajoutez alors les pruneaux et poursuivez la cuisson encore 20 minutes.

Servez ce plat accompagné de riz, de tagliatelles ou de purée de pommes de terre.

l'atout anti-âge

Ne cherchez plus le fruit le plus riche en antioxydants : les chercheurs l'ont trouvé, il s'agit du pruneau ! Sa consommation régulière agit favorablement sur le mémoire et les capacités d'apprentissage. Quant à ses fibres, outre leur effet laxatif, elles diminuent le taux de mauvais cholestérol (LDL). Deux bonnes raisons de les ajouter à cette recette de pintade.

quiche aux poireaux,
bleu d'Auvergne, noix et viande des Grisons

Préparation 30 min
Repos de la pâte 1 heure
Cuisson 15 min + 40 min

POUR 6 PERSONNES

Pour la pâte

250 g de farine
120 g de beurre
1 œuf + 1 jaune
2 cl d'eau
1 grosse pincée de sel

Pour la garniture

5 poireaux (1 kg)
100 g de bleu d'Auvergne
20 g de cerneaux de noix
40 g de viande des Grisons
25 cl de crème fleurette
3 œufs
20 g de beurre
1 cuil. à soupe d'huile d'olive
Noix de muscade
Sel, poivre

Préparation de la pâte

- Mélangez la farine et le sel avec le beurre tempéré coupé en petits dés pour obtenir un sablage. Vous pouvez travailler la pâte à la main ou utiliser un robot à petite vitesse. Incorporez l'œuf et le jaune préalablement battus avec l'eau.
- Cessez de travailler la pâte dès qu'elle est bien lisse et se décolle des parois. Roulez-la alors en boule, aplatissez-la en galette, filmez-la et laissez-la reposer au réfrigérateur pendant une heure ou plus.
- Abaissez-la ensuite sur le plan de travail légèrement fariné et garnissez-en un moule beurré. Percez le fond de tarte à l'aide d'une fourchette. Réservez au réfrigérateur pendant le temps de confection de la garniture.

Préparation de la garniture

- Lavez soigneusement les poireaux et coupez-les en fines rondelles.
- Faites chauffer l'huile et le beurre dans une sauteuse et mettez-y à suer les poireaux pendant quelques instants, puis couvrez et laissez cuire à l'étouffée pendant 15 minutes. Éteignez le feu, salez à peine, poivrez généreusement et réservez à découvert.
- Coupez les tranches de viande des Grisons en lanières puis en petits carrés. Hachez grossièrement les noix au couteau. Coupez le fromage en morceaux.
- Battez les œufs avec la crème liquide. Salez très légèrement, poivrez et ajoutez une pointe de noix de muscade râpée.
- Garnissez le fond de tarte de fondue de poireaux. Émiettez dessus le bleu d'Auvergne. Parsemez de viande des Grisons et de noix. Versez la préparation aux œufs pour recouvrir le tout.
- Placez la tarte dans le four préchauffé à 200° C. Au bout de 20 minutes, baissez la température à 180° C et poursuivez la cuisson encore 20 minutes.

Servez cette quiche avec une salade verte ou un mesclun, en entrée ou comme plat principal.

l'atout anti-âge

La noix figure en tête des végétaux les plus riches en antioxydants ! Ses oméga 3 (acides gras essentiels) fluidifient le sang et sa vitamine E freine le vieillissement cellulaire. Pensez à les intégrer le plus souvent possible dans vos recettes : une petite poignée quatre à cinq fois par semaine divise par deux le risque de maladie coronarienne.

râbles de lapin farcis
au foie et aux fruits secs

Préparation 30 min **Cuisson** 35 min

POUR 4 PERSONNES

2 râbles de lapins désossés et leur foie
1 pomme acidulée (par exemple, Reine des reinettes)
3 échalotes
20 g de raisins secs
4 dattes
3 pruneaux
30 g de cerneaux de noix concassés
1 gousse d'ail écrasée
2 cuil. à soupe de persil plat et de ciboulette ciselés
1/2 cuil. à café de quatre épices
Beurre
Huile d'olive
Piment d'Espelette
Sel, poivre

- Déroulez les râbles de lapin et assaisonnez-les (sel, poivre et piment). Coupez les foies en petits dés. Hachez les échalotes. Pelez, dégermez et écrasez la gousse d'ail. Épluchez la pomme et coupez-la en petits dés. Dénoyautez les dattes et les pruneaux. Coupez-les en petits morceaux.
- Faites blondir les échalotes dans un peu de beurre et d'huile. Ajoutez les dés de pomme et, lorsqu'ils commencent à dorer, les morceaux de foie et le quatre épices. Salez légèrement et poivrez. Dès que les dés de foie sont colorés sur toutes les faces, retirez du feu et mélangez avec l'ail et les fruits secs.
- Étalez la farce sur les râbles, puis enroulez ceux-ci et attachez-les avec de la ficelle de boucher. Poêlez ces deux petits rôtis pour les faire dorer sur toutes les faces. Faites-les ensuite cuire au four préchauffé à 190° C pendant 35 minutes.
- Retirez la ficelle et découpez les rôtis en tranches.

Servez avec une salade de roquette et une purée ou encore une poêlée de légumes.

l'atout anti-âge

Le lapin entre dans la catégorie des viandes maigres et ses graisses sont en majorité insaturées, donc utiles pour préserver la santé cardio-vasculaire et le bon fonctionnement cérébral. Sa bonne quantité de vitamine B12 permet aussi d'entretenir la vitalité de la mémoire. Autre atout du lapin, son apport en sélénium, un antioxydant important pour lutter contre les effets du vieillissement. Agrémenté d'une farce aux fruits secs, le lapin bénéficie d'un concentré de minéraux et d'oligo-éléments !

tarte fine aux sardines
et à la tomate

Préparation 20 min **Cuisson** 12 min + 10 min

POUR 4 PERSONNES

1 rouleau de pâte feuilletée
3 tomates bien mûres
10 filets de sardine
2 cuil. à soupe de parmesan râpé
1 gousse d'ail
1 cuil. à café de sucre
Romarin, origan, thym
Quelques pousses de roquette
Piment d'Espelette
Sel, poivre

- Coupez les tomates en fines rondelles et mettez-les à dégorger dans une assiette avec un peu de sel.
- Préchauffez le four à 210° C.
- Étalez la pâte sur une feuille de papier cuisson, en disque ou en rectangle. Faites glisser l'ensemble sur une plaque. Recouvrez d'une autre feuille de papier cuisson et d'une seconde plaque.
- Enfournez et laissez cuire 12 minutes. Sortez ensuite la pâte et laissez-la tiédir.
- Baissez le four à 200° C.
- Coupez la gousse d'ail en fins pétales.
- Alignez les rondelles de tomates égouttées sur le fond de la pâte. Épicez-les (sel, poivre, piment, romarin, origan, thym, ail) et saupoudrez-les très légèrement de sucre. Disposez par-dessus les filets de sardine, côté peau à l'extérieur. Saupoudrez de parmesan râpé.
- Faites cuire au four pendant 10 minutes. Servez la tarte fine parsemée de feuilles de roquette.

Vous pourrez également réaliser de jolies tartelettes pour l'apéritif en découpant la pâte en bandes sur lesquelles vous poserez une seule sardine.

l'atout anti-âge

Parmi les poissons gras, la sardine mérite une place d'honneur : il s'agit du meilleur rapport qualité/prix en oméga 3. Ces fameux acides gras « essentiels » sont uniquement fournis par les aliments gras (poissons gras, graines et huiles végétales) et ils agissent favorablement sur la prévention des maladies cardio-vasculaires. Dans cette tarte, ils sont associés à une autre source d'antioxydants, le lycopène de la tomate. De quoi se régaler et régénérer vos cellules !

tomates farcies aux fruits de mer

Préparation 35 min **Cuisson** 40 min

POUR 6 PERSONNES

6 belles tomates
200 g de crevettes crues
1/2 l de moules
1 encornet de 350 g nettoyé
100 g de fenouil
1 carotte (80 g)
2 champignons roses
40 g de tige de céleri
50 g de pied de brocoli
1 oignon
3 gousses d'ail
2 cuil. à soupe de persil plat haché
2 cuil. à soupe de ciboulette ciselée
2 cuil. à soupe de parmesan râpé
Huile d'olive
Piment d'Espelette
Sel, poivre

- Taillez un chapeau au sommet des tomates. Évidez-les dans une passoire et récupérez tout leur jus. Salez l'intérieur et retournez-les sur une assiette.
- Décortiquez les crevettes et hachez-en grossièrement la chair.
- Coupez les légumes en brunoise (tout petit dés). Faites chauffer un peu d'huile dans une petite casserole. Mettez-y à suer l'oignon grossièrement haché pendant 2 minutes, puis ajoutez la brunoise de légumes et une gousse d'ail écrasée. Salez et laissez cuire à feu doux pendant une quinzaine de minutes, jusqu'à ce que l'eau de végétation soit évaporée.
- Faites chauffer un peu d'huile dans une deuxième casserole, ajoutez l'encornet et une gousse d'ail écrasée. Au bout d'une minute, ajoutez les moules. Laissez cuire quelques minutes puis éteignez le feu, sortez les moules et décoquillez-les. Faites revenir les crevettes hachées à part pendant 30 secondes.
- Récupérez le jus de cuisson des moules et des encornets dans un plat à gratin et mélangez-le avec l'eau des tomates qui aura dégorgé. Ajoutez une gousse d'ail émincée et un peu d'huile d'olive.
- Mélangez les fruits de mer et les petits légumes. Poivrez. Ajoutez le parmesan râpé, les herbes et un peu de piment. Remplissez les tomates de cette farce en tassant légèrement. Recouvrez-les d'un chapeau et disposez-les dans le plat.
- Faites cuire au four préchauffé à 180° C pendant 40 minutes.

Servez avec une petite salade et un riz pilaf.

l'atout anti-âge

Outre la note parfumée et anisée qu'il apporte à une recette, le fenouil est intéressant du fait de sa teneur en vitamine A, vitamine E, ses fibres et ses sels minéraux. Il agit favorablement sur la digestion, évitant fermentations et ballonnements. Glissez-le le plus souvent possible dans vos recettes pour conserver un tube digestif jeune et actif !

wok de pak choi et tofu
aux parfums d'Asie

Préparation 10 min **Cuisson** 10 min

POUR 4 PERSONNES
400 g de petits pak choi
230 g de tofu aux cinq parfums
1 oignon
1 gousse d'ail
1 cuil. à soupe de sauce soja
2 cuil. à café d'huile de sésame
2 cuil. à soupe d'huile végétale
1 cuil. à soupe de sucre en poudre
1 cuil. à café de graines de sésame
1 pincée de piment en poudre

- Lavez les pak choi et retirez leur trognon, puis coupez-les en quatre ou cinq morceaux. Coupez le tofu en dés.
- Pelez la gousse d'ail, ôtez le germe et émincez-la finement.
- Chauffez l'huile végétale dans un wok et faites-y revenir l'ail et l'oignon pendant 3 minutes. Ajoutez le tofu et faites-le rissoler pendant 2 minutes en remuant régulièrement. Versez la sauce soja et le sucre, parsemez de piment et mélangez pendant une minute. Ajoutez alors le pak choi et poursuivez la cuisson jusqu'à ce qu'il s'attendrisse tout en restant croquant.
- Ajoutez enfin l'huile et les graines de sésame, mélangez et servez aussitôt.

Si vous ne disposez pas de tofu aux cinq parfums, vous pouvez utiliser du tofu nature que vous couperez en dés et ferez préalablement mariner dans un mélange de sauce soja, de gingembre râpé et de cinq épices.

l'atout anti-âge

Le tofu (prononcez « totou ») occupe une place importante dans l'alimentation des asiatiques. Les Japonais de l'île d'Okinawa le considèrent comme l'un de leurs secrets de longévité ! Ce « fromage de soja » (il ressemble à la feta) présente en effet un atout majeur : il contient des phyto-œstrogènes. Ces hormones végétales ont un puissant rôle antioxydant. Elles réduisent les désagréments liés à la ménopause et agissent comme ralentisseur du vieillissement cellulaire dans le cadre des cancers (prostate, sein).

filets de truite à l'oseille

Préparation 10 min **Cuisson** 15 min

POUR 4 PERSONNES

2 gros filets de truite sur peau
1 bouquet d'oseille fraîche
2 échalotes
10 cl de vin blanc sec
10 cl de fumet de poisson
25 g de beurre
3 cuil. à soupe de crème fraîche épaisse
Huile d'olive
Fleur de sel et sel fin
Poivre concassé et poivre du moulin

• Émincez les échalotes. Faites fondre le beurre dans une petite casserole. Mettez-y à suer les échalotes.

• Lavez et égouttez l'oseille. Coupez les tiges et hachez sommairement les feuilles. Réservez.

• Versez le vin blanc dans la casserole et laissez réduire de moitié. Incorporez la crème fraîche et laissez épaissir quelques instants. Salez et poivrez. Ajoutez l'oseille, remuez sur le feu pendant une minute, puis éteignez et couvrez.

• Coupez les filets de truite en deux après en avoir retiré les arêtes à l'aide d'une pince. Faites chauffer une poêle antiadhésive à peine huilée. Saisissez les filets de truite quelques instants sur chaque face, en commençant côté peau.

• Servez les filets aussitôt, parsemés de fleur de sel et de poivre concassé, sur un lit de crème à l'oseille et accompagnés de pommes vapeur, riz blanc ou tagliatelles.

Plus classiquement, cette recette sera également délicieuse avec des pavés de saumon.

« tagliatelles » de carottes à l'orange et au cumin

Préparation 15 min **Marinade** 1 heure **Cuisson** 5 min

POUR 4 PERSONNES

8 carottes
1 orange
1 cuil. à soupe d'huile d'olive
10 g de gingembre frais
1/2 cuil. à café de cumin moulu
1/4 de cuil. à café de curcuma
Sel, poivre du moulin

• Pelez et râpez le gingembre.

• Pressez l'orange et mélangez le jus avec l'huile d'olive, le gingembre, le cumin et le curcuma. Salez et poivrez.

• Épluchez les carottes et coupez-les en fines lamelles à l'aide d'une mandoline, ou à défaut d'un économe. Mélangez-les à la marinade et réservez pendant 1 heure.

• Cuisez les « tagliatelles » de carottes marinées 5 minutes à la vapeur.

Cette façon attrayante de présenter les carottes séduira petits et grands.

l'atout anti-âge

filets de truite à l'oseille

Tel le cresson ou les épinards, l'oseille représente une très bonne source d'antioxydants (carotènes et flavonoïdes). Elle fournit en parallèle une quantité intéressante de vitamines C et E et de sels minéraux. Seuls inconvénients, ses taux d'acide oxalique et d'acide urique, non adaptés aux personnes souffrant de la goutte.

l'atout anti-âge

« tagliatelles » de carottes à l'orange et au cumin

La carotte est le symbole de l'un des principaux antioxydants, « le bêtacarotène », même si elle n'est pas la seule à en fournir (melon, mangue, etc., en contiennent également). Sa composition en fibres en fait aussi un excellent régulateur du transit. Elle est ici associée à la vitamine C de l'orange, également utile pour renforcer nos défenses immunitaires.

artichauts poivrade poêlés
aux épices

Préparation 20 min **Cuisson** 3 min + 7 min

POUR 4 PERSONNES

1 botte d'artichauts poivrade
60 g de roquette
1 citron
1/2 oignon rouge
1 cuil. à café d'ail et de gingembre hachés
2 cuil. à soupe d'huile d'olive
1/4 de cuil. à café de curcuma
1/4 de cuil. à café de cannelle
1/4 de cuil. à café de cinq épices
1 cuil. à café de sauce soja
1/2 cuil. à café de sucre de canne
Poivre

• Coupez la tête des artichauts à la moitié. Détachez les feuilles dures pour ne laisser que les plus tendres. Coupez la tige à 4 cm et pelez-la à l'économe. Coupez les artichauts en deux et retirez le peu de foin éventuellement présent au centre. Frottez-les au citron et plongez-les au fur et à mesure dans un récipient d'eau citronnée pour éviter l'oxydation.

• Faites-les cuire à l'autocuiseur pendant 3 minutes à partir de la mise sous pression.

• Chauffez l'huile dans un wok. Ajoutez l'oignon émincé et le mélange ail-gingembre et faites revenir une minute.

• Mettez les artichauts dans le wok avec toutes les épices, le sucre et la sauce soja. Mélangez bien et laissez cuire quelques minutes. Ajoutez enfin la roquette et mélangez hors du feu.

• Servez sans attendre.

Cette recette correspond à une petite portion d'accompagnement. Pour une garniture plus conséquente, utilisez deux bouquets d'artichauts.

l'atout anti-âge

Plus petit que d'autres variétés d'artichaut, le poivrade a l'avantage de cuire moins longtemps tout en étant plus digeste. En effet, il présente un taux très intéressant de fibres, par ailleurs mieux tolérées que dans les artichauts volumineux. Celles-ci ont un effet rassasiant, tout en favorisant le drainage des déchets de l'organisme. La consommation d'artichaut semble également protectrice pour le cœur et les vaisseaux, car elle contribuerait à diminuer la tension artérielle et le taux de cholestérol sanguin.

choux de Bruxelles à l'aigre-doux

Préparation 15 min **Cuisson** 15 min

POUR 4 PERSONNES
600 g de choux de Bruxelles
1 carotte
8 ciboules
1/2 petit piment rouge frais débarrassé de ses graines
1 morceau de racine de gingembre de 20 g
1 orange pressée
1 cuil. à soupe de miel
1 cuil. à soupe de ketchup
2 cuil. à soupe de vinaigre de cidre
2 cuil. à soupe de sauce soja
1 cuil. à soupe d'huile multigraines

- Coupez à ras le pied des choux de Bruxelles et retirez toutes les feuilles extérieures sales. Placez-les au fur et à mesure dans un récipient d'eau.
- Faites cuire les choux de Bruxelles 8 minutes à la vapeur et réservez-les à couvert.
- Épluchez la carotte et coupez-la en fines rondelles biseautées. Coupez les ciboules en tronçons. Pelez le gingembre et hachez-le. Hachez finement le piment.
- Réunissez dans un wok l'huile, la sauce soja, le jus de l'orange, le vinaigre de cidre, le ketchup, le miel, le gingembre et le piment. Portez à ébullition et faites épaissir à feu vif en remuant constamment pendant 5 à 6 minutes. Ajoutez alors la carotte et, une minute plus tard, la ciboule et les choux de Bruxelles. Remuez pour bien enrober de sauce les choux de Bruxelles.
- Servez aussitôt.

Cette recette pourra accompagner un rôti de porc.

l'atout anti-âge

Comme tout légume « vert », le chou de Bruxelles possède un taux intéressant de bêtacarotène (et oui, il n'y a pas que les carottes !). Il apporte aussi un bonus sous forme de soufre, caractéristique de l'odeur des choux. Cet antioxydant précieux joue un rôle utile de draineur des déchets de la peau et des poumons. La cuisson à la vapeur douce facilite sa digestion.

échalotes confites au miel

Préparation 10 min **Cuisson** 40 min

POUR 4 PERSONNES
12 belles échalotes
40 g de beurre
2 cuil. à soupe d'huile d'olive
2 cuil. à soupe de miel
10 cl de fond de veau
Noix de muscade
Piment d'Espelette
Sel, poivre

- Pelez délicatement les échalotes en les gardant entières. Passez-les sous l'eau.
- Faites fondre le beurre avec l'huile dans une casserole et mettez-y les échalotes. Assaisonnez. Laissez-les suer en les retournant plusieurs fois jusqu'à légère coloration. Ajoutez alors le miel, puis mouillez avec le fond de veau.
- Couvrez et laissez mijoter pendant 40 minutes en remuant régulièrement.

Ces échalotes confites apporteront une touche raffinée aux viandes rôties. Vous pourrez les préparer à l'avance et les réchauffer au moment de servir.

l'atout anti-âge

L'échalote, comme l'oignon ou l'ail, contient de la quercétine, un allié non négligeable dans la prévention de l'ostéoporose. Ses effets antioxydants et anti-inflammatoires empêcheraient la dégradation des os. À suivre…

purée de brocolis
et pommes de terre à l'oignon de Roscoff

Préparation 15 min **Cuisson** 45 min

POUR 4 À 6 PERSONNES
500 g de brocolis
700 g de pommes de terre (type Samba, Mona Lisa)
2 gousses d'ail
1 oignon de Roscoff (variété très parfumée)
1 feuille de laurier
25 g de beurre
Gros sel, poivre du moulin

- Coupez les bouquets de brocoli à ras et réservez-les. Coupez le pied en morceaux.
- Épluchez les pommes de terre et coupez-les en morceaux.
- Pelez les gousses d'ail, dégermez-les et coupez-les en huit. Coupez l'oignon en morceaux.
- Placez tous ces légumes dans un faitout avec le laurier, versez de l'eau sans recouvrir et portez à ébullition. Salez. Au bout de 30 minutes, ajoutez les bouquets de brocoli et poursuivez la cuisson encore 15 minutes.
- Retirez la feuille de laurier, incorporez le beurre et écrasez la purée avec un presse-purée. Lissez très rapidement à l'aide d'un mixeur plongeant (pas d'utilisation prolongée sous peine d'avoir une purée élastique). Poivrez.

Vous pourrez servir cette purée en accompagnement de viandes blanches ou de poissons.

l'atout anti-âge

Le brocoli détient à l'heure actuelle l'une des meilleures places parmi les aliments santé. Il contient les trois principales vitamines antioxydantes (provitamine A ou carotène, C et E), et des sels minéraux également très utiles dans la prévention de certaines maladies dégénératives. Par exemple, son taux intéressant de calcium, très bien assimilé, aide à lutter contre l'ostéoporose. Il a également été prouvé que ce légume a une action préventive contre certains cancers !

tian de légumes du Sud

Préparation 25 min **Cuisson** 1 h 30

POUR 4 PERSONNES
8 petites tomates bien mûres
2 grosses courgettes
1 petite aubergine
1 oignon
2 poivrons rouges
2 petites pommes de terre Charlotte (200 g)
2 gousses d'ail
Huile d'olive
Thym, origan
1 branche de romarin
Piment d'Espelette
Sel, poivre

- Coupez les poivrons en morceaux carrés et plats (éliminez les parties trop bombées). Épluchez les courgettes à l'économe en laissant des bandes de peau pour former des rayures. Coupez tous les légumes en fines rondelles, sans éplucher les pommes de terre ni l'aubergine.
- Préchauffez le four à 150° C. Huilez un plat à gratin et disposez les rondelles de légumes et les morceaux de poivron debout en les alternant. Tassez bien. Salez, poivrez et pimentez. Parsemez de thym et d'origan. Glissez quelques aiguilles de romarin et une feuille de laurier entre les légumes.
- Mélangez 4 cuillerées à soupe d'huile d'olive avec l'ail écrasé et badigeonnez-en les légumes. Enfournez le plat et laissez cuire 90 minutes en arrosant de jus de cuisson ou d'huile de temps à autre.

Ces légumes fondants seront parfaits en accompagnement d'une viande grillée.

l'atout anti-âge

Cette recette estivale met en scène des légumes colorés, qui, en pleine saison, ont une peau fine peu fibreuse et très digeste. De plus, en cuisant avec leur peau, les légumes préservent mieux leurs vitamines et sels minéraux. Il serait dommage de les éliminer et de ne pas en profiter !

clafoutis aux framboises
et aux kiwis

Préparation 20 min **Cuisson** 45 min

POUR 6 PERSONNES
2 barquettes de framboises
2 kiwis
3 œufs
50 g de farine
50 g de sucre de canne blond en poudre
12 cl de lait de soja
80 g de crème fraîche épaisse
50 g de beurre + un peu pour le moule
1 cuil. à soupe de kirsch
Cassonade

- Battez la crème avec le lait de soja pour obtenir un mélange homogène. Ajoutez le sucre de canne sans cesser de battre. Incorporez les œufs un par un. Ajoutez progressivement le beurre fondu, puis le kirsch et enfin la farine.
- Préchauffez le four à 180° C.
- Beurrez un moule en porcelaine (ou 6 moules individuels) et saupoudrez-le de cassonade.
- Épluchez les kiwis et coupez-les en petits morceaux.
- Répartissez les framboises et les kiwis au fond du plat et recouvrez-les de l'appareil à clafoutis.
- Enfournez et laissez cuire 45 minutes (réduisez la cuisson si vous utilisez de petits moules).

Dégustez le jour même, à température ambiante ou légèrement tiède.

l'atout anti-âge

Le lait de soja peut facilement se substituer au lait de vache dans de nombreuses préparations culinaires, tel cet entremets. Il n'apporte en revanche pas de calcium (sauf si vous le choisissez « enrichi en calcium »). Ce manque est compensé par un sérieux atout santé, les isoflavones : ces antioxydants ont une composition proche des hormones féminines. Elles semblent agir dans la prévention notamment des cancers hormono-dépendants tel le cancer du sein.

cookies aux noix de cajou, aux canneberges, au chocolat et aux graines de lin

Préparation 30 min **Cuisson** 12 min par plaque

POUR ENVIRON 26 COOKIES

1 œuf
100 g de beurre mou
140 g de sucre de canne semoule
200 g de farine
1 cuil. à café de bicarbonate de soude
1 pincée de sel
70 g de chocolat noir haché
70 g de noix de cajou hachées au couteau
70 g de canneberges séchées (également disponibles sous leur appellation anglaise de *cranberries*)
2 cuil. à soupe de graines de lin

- Préchauffez le four à 180° C.
- Travaillez le beurre avec le sucre dans le bol d'un robot jusqu'à obtenir un mélange crémeux et homogène. Incorporez alors l'œuf préalablement battu à la fourchette.
- Mélangez la farine, le bicarbonate de soude et le sel, puis incorporez-les progressivement à l'appareil précédent. Ajoutez ensuite le chocolat haché, les graines de lin, les noix de cajou et enfin les canneberges.
- Formez de petites boules de pâte et déposez-les sur deux plaques recouvertes de papier cuisson. Aplatissez chaque boule de pâte en petites galettes d'environ 1 cm d'épaisseur, largement espacées.
- Faites cuire chaque plaque 12 minutes. Les cookies sont alors souples au toucher, mais ils se raffermiront en refroidissant.

L'idéal est de les déguster encore tièdes, à la sortie du four.

l'atout anti-âge

Cette recette originale de cookies regroupe plusieurs ingrédients à fort potentiel antioxydant : les canneberges séchées, condensé de sels minéraux, les graines de lin, riches en oméga 3, les noix de cajou, apportant de la vitamine E, et bien entendu le chocolat. C'est essentiellement le cacao qui donne tout l'intérêt nutritionnel et santé au chocolat que nous mangeons. Il contient diverses substances antioxydantes : du zinc, du cuivre, des vitamines C et E et des polyphénols. Il en procure d'ailleurs deux fois plus que le thé vert ou le vin, et sa dégradation étant plus lente, il serait efficace plus longtemps ! Avis aux amateurs…

crumble aux pommes, aux quetsches et aux pruneaux

Préparation 25 min **Cuisson** 50 min

POUR 6 PERSONNES

150 g de farine
80 g de sucre de canne
1 pincée de cannelle
100 g de beurre froid coupé en petits dés + un peu pour le moule
20 g de cerneaux de noix concassés
1 cuil. à soupe de graines de lin
2 pommes
20 quetsches
5 pruneaux

- Mélangez la farine, la cannelle et le sucre. Incorporez le beurre en travaillant du bout des doigts pour obtenir un sable à gros grains. Ajoutez alors les noix et les graines de lin. Réservez au frais pendant que vous préparez les fruits.
- Beurrez un plat à gratin à l'aide d'un pinceau et placez-le au réfrigérateur.
- Lavez et séchez les quetsches. Coupez-les en deux et retirez le noyau. Dénoyautez les pruneaux et coupez-les en quatre. Épluchez les pommes et coupez-les en morceaux de taille moyenne.
- Disposez les fruits dans le plat et recouvrez-les de miettes de pâte.
- Faites cuire pendant 50 minutes dans le four préchauffé à 180° C, puis laissez refroidir dans le four éteint.

Servez le crumble tiède avec une quenelle de crème épaisse ou une boule de glace à la vanille.

l'atout anti-âge

Ce dessert associe plusieurs aliments aux vertus antioxydantes : les noix et les graines de lin riches en bonnes graisses protectrices, une variété de prune violette riche en polyphénols et les pruneaux, sources de bêtacarotènes et condensés de fibres et sels minéraux !

glace
au thé vert

Préparation 15 min **Réfrigération** 2 heures
Turbinage 20 min

POUR 1/2 L DE GLACE
25 cl de lait frais entier
25 cl de crème fleurette
100 g de sucre de canne clair
4 jaunes d'œufs
2 cuil. à soupe de thé vert Matcha

• Mélangez les jaunes d'œufs avec la moitié du sucre en utilisant un fouet, sans chercher à les blanchir.

• Portez à ébullition le lait et la crème avec le reste du sucre. Mélangez la moitié du lait chaud avec les jaunes d'œufs, puis reversez l'ensemble dans la casserole et faites chauffer à feu doux sans cesser de remuer, jusqu'à ce que la crème obtenue nappe la cuiller.

• Mélangez le thé vert avec une petite quantité du mélange jusqu'à complète dissolution, puis ajoutez le reste. Laissez refroidir à température ambiante avant de réfrigérer. Le cas échéant, passez la préparation quelques instants au blender pour la lisser et répartir parfaitement le thé vert.

• Lorsque la crème est bien froide, faites-la prendre en sorbetière. Placez-la ensuite dans une boîte hermétique au congélateur.

Sortez la glace quelques minutes avant de la déguster pour qu'elle atteigne la consistance idéale.

blanc-manger
coco aux fruits rouges

Préparation 15 min **Réfrigération** 3 heures

POUR 4 PERSONNES
30 cl de lait de coco
35 cl de lait concentré non sucré
100 g de sucre
1 gousse de vanille
1 barquette de framboises
1 barquette de mûres
1 barquette de myrtilles
1 barquette de groseilles
10 g de pistaches mondées
4 g d'agar-agar

• Fendez et grattez la gousse de vanille. Mélangez le lait ce coco et le lait concentré. Délayez soigneusement l'agar agar dans un peu de ce liquide et reversez-le avec le reste. Ajoutez le sucre et la vanille (gousse et graines).

• Portez à ébullition sur feu moyen en remuant régulièrement pour éviter les accumulations d'agar agar. Faites bouillir pendant 3 minutes sans cesser de remuer, puis laissez tiédir.

• Retirez la gousse de vanille, puis répartissez la crème dans de petits ramequins et réfrigérez pendant 3 heures.

• Lorsque les blancs-mangers sont pris, retournez les ramequins sur des assiettes à dessert et entourez-les de fruits rouges. Décorez avec quelques pistaches concassées.

Dégustez ce dessert bien frais, à sa sortie du réfrigérateur, dès que les assiettes sont prêtes.

l'atout anti-âge

glace au thé vert

La bonne réputation du thé vert vient de ses propriétés anti-oxydantes : il a une teneur élevée en flavonoïdes, jouant un rôle protecteur pour notre santé (cancers, maladies cardio-vasculaires…). Toutefois, il convient de préciser que l'action bénéfique sur la santé a été étudiée sur la boisson infusée pendant 4 minutes, à raison de 3 à 4 tasses par jour (300-400 ml). Or, quand vous utilisez du thé Matcha en poudre dans une recette (financier, biscuit, glace ou plat salé), il ne présente pas les mêmes atouts santé. Appréciez-le alors surtout pour ses qualités gustatives !

l'atout anti-âge

blanc-manger coco aux fruits rouges

Moins riches en vitamine C que les agrumes, les fruits rouges fournissent une autre catégorie d'antioxydants : les polyphénols. Ils n'ont donc rien à envier aux oranges ou aux kiwis, puisqu'ils renforcent aussi nos défenses contre les radicaux libres, responsables du vieillissement de nos cellules. Durant l'été, ces fruits mûrs offrent leur meilleur taux d'anti-oxydants et agrémentent nos laitages et entremets.

mousse de fraises

Préparation 20 min **Réfrigération** 3 heures

POUR 6 PERSONNES

500 g de fraises parfumées (par exemple, Mara des bois)
3 blancs d'œufs
15 cl de crème fleurette
50 g de sucre semoule
2 sachets d'agar-agar
Le jus de 1/2 citron jaune et de 1 citron vert

- Lavez et équeutez les fraises. Réservez-en 6 avec les feuilles et mixez les autres avec 40 g de sucre.
- Montez les blancs en neige très ferme avec les 10 g de sucre restants.
- Fouettez la crème fleurette dans un récipient préalablement refroidi au congélateur.
- Délayez l'agar-agar dans le jus des citrons. Faites chauffer ce mélange dans une petite casserole et laissez-le bouillir une minute, puis mélangez-le à la purée de fraises. Incorporez délicatement les blancs en neige et la crème fouettée (réservez quelques gouttes de coulis de fraises pour le décor).
- Versez la préparation dans six coupes et faites de petits dessins avec le coulis. Réfrigérez pendant au moins 3 heures.
- Lorsque la mousse commence à se raffermir, déposez une fraise au centre de chaque coupe. Servez frappé.

Vous pouvez ajouter quelques fraises coupées en tout petits dés au fond des coupes et les recouvrir de mousse.

l'atout anti-âge

La fraise affiche un taux surprenant de vitamine C : autant que l'orange, deux fois plus que la framboise et dix fois plus que les cerises ! Toutefois, pour profiter des attraits de la vitamine C, il convient de consommer le fruit cru ou peu cuit, comme dans cette mousse. Mais les fraises empêchent également la formation de composés cancérogènes appelés nitrosamines, accusés de provoquer des cancers digestifs. Une bonne raison supplémentaire d'apprécier ce délicieux fruit estival !

muffins aux myrtilles
et aux noix de pécan

Préparation 20 min **Cuisson** 30 min

POUR ENVIRON 12 MUFFINS
250 g de farine
2 cuil. à café de levure chimique (environ 9 g)
1 pincée de sel
2 œufs
130 g de sucre de canne semoule
60 g de beurre
12 cl de lait entier
1 gousse de vanille
100 g de myrtilles fraîches
50 g de noix de pécan hachées (ou de noix du Brésil)

- Fendez la gousse de vanille et prélevez les graines à l'aide d'un petit couteau.
- Lavez et séchez les myrtilles.
- Blanchissez les œufs avec le sucre et les graines de vanille. Incorporez progressivement le beurre fondu, puis le lait. Ajoutez petit à petit la farine préalablement mélangée à la levure et au sel. Lorsque l'appareil est parfaitement homogène, ajoutez les noix de pécan en continuant à battre. Incorporez ensuite délicatement les myrtilles en mélangeant à l'aide d'une spatule.
- Remplissez aux trois quarts les moules beurrés et farinés. Mettez-les dans le four préchauffé à 180° C pendant 30 minutes.
- Laissez tiédir les muffins dans les moules avant de les démouler.

Dégustez les muffins de préférence le jour même.

l'atout anti-âge

La myrtille fraîche mérite d'être consommée durant sa courte saison ! Cette baie d'un beau bleu-violet fournit une forte quantité d'antioxydants, parmi lesquels figurent les anthocyanes. Ils agissent notamment sur la bonne santé des capillaires et des vaisseaux. Associée aux noix de pécan, bonne source de sélénium, vous obtenez des muffins savoureux et efficaces pour ralentir les effets de l'âge !

poires pochées au vin rouge épicé

Préparation 15 min **Cuisson** 15 min

POUR 4 PERSONNES
4 poires
1/2 l de vin rouge
1/2 citron
2 clémentines
50 g de sucre de canne
1 gousse de vanille fendue
1 bâton de cannelle
1/4 de cuil. à café de gingembre en poudre
1 clou de girofle
2 étoiles de badiane

- Faites chauffer le vin avec les épices, le sucre, le zeste et le jus des clémentines à feu très doux.
- Pendant ce temps, épluchez les poires à l'économe en conservant la tige et une petite calotte de peau. Retirez le trognon et les pépins à l'aide d'un évide-pomme. Citronnez les poires au fur et à mesure.
- Immergez les poires dans le vin chaud, couvrez et laissez cuire à feu doux pendant 15 minutes environ en les retournant à mi-cuisson. Laissez ensuite tiédir à découvert.

Vous pouvez servir les poires fraîches, tempérées ou à peine tièdes, avec un peu de vin parfumé.

l'atout anti-âge

Chaque saison permet de manger de la poire, il suffit de changer de variété. Ainsi, vous profitez de cette excellente source de fibres. D'autre part, il semblerait qu'une consommation régulière de ce fruit augmente la concentration en antioxydants du sang.

salade de fruits exotiques

Préparation 20 min

POUR 4 PERSONNES

1 mangue
1 papaye
1 goyave verte
4 mangoustans
1/2 citron vert
1/2 petit piment rouge frais

- Épluchez la papaye et la goyave. Coupez-les en deux, retirez les graines et coupez la chair en dés.
- Épluchez la mangue. Coupez la chair en cubes jusqu'au ras du noyau.
- Fendez la peau épaisse des mangoustans. Extrayez et séparez les petits quartiers blancs.
- Hachez très finement le demi-piment.
- Mélangez tous les fruits et le piment. Arrosez-les de jus de citron vert. Servez cette salade de fruits bien fraîche.

Vous pouvez citronner les rebords des coupes et les passer dans de la fleur de sel au moment de servir.

l'atout anti-âge

Cette association de fruits haute en couleurs fournit une bonne dose de carotènes et de fibres. La présence de ces dernières permet une assimilation plus lente des glucides (sucres) issus des fruits. De ce fait, ce dessert favorise une bonne digestion du repas. Il peut aussi constituer une collation dans l'après- midi sans provoquer d'hyperglycémie (élévation trop rapide du taux de sucre dans le sang).

Par ailleurs, cette salade éxotique réunit tous les fruits les plus réputés pour leur teneur en antioxydants : papaye, mangue, goyave et mangoustant. De quoi rajeunir à vue d'œil…

sorbet à l'abricot

Préparation 15 min **Macération** 12 heures **Réfrigération** 4 heures **Turbinage** 20 min

POUR 3/4 DE LITRE DE SORBET
650 g d'abricots dénoyautés (poids après dénoyautage)
250 g de sucre de canne blond

- Faites chauffer 10 cl d'eau avec 130 g de sucre. Laissez bouillir pendant quelques secondes.
- Immergez les oreillons d'abricots dans ce sirop et laissez macérer pendant 12 heures.
- Le lendemain, mixez les abricots avec une louche de sirop.
- Faites chauffer 10 cl d'eau. Ajoutez 120 g de sucre et continuez à faire chauffer en remuant. Retirez du feu lorsque la température du sirop atteint 90° C.
- Versez la préparation dans un récipient froid et abaissez la température à 20° C. Incorporez alors la pulpe d'abricots.
- Réservez au frais pendant 4 heures. Passez le mélange en sorbetière puis versez-le dans une boîte hermétique et placez-le au congélateur.

Si vous êtes pressé, il vous est possible de confectionner ce sorbet à partir d'abricots au sirop d'excellente qualité. Dans ce cas, démarrez la recette à la troisième étape.

l'atout anti-âge

À pleine maturité, l'abricot présente une belle couleur orangée, un pigment naturel indiquant sa forte quantité en bêta-carotène (précurseur de la vitamine A) : plus sa couleur est intense, plus la teneur en est élevée.
Ces carotènes sont bénéfiques notamment pour notre peau. Ils la protègent (sans remplacer la crème solaire) et luttent efficacement contre le vieillissement cellulaire, comme la perte d'élasticité de la peau.

tarte aux pamplemousses

Préparation 40 min
Repos de la pâte 2 heures
Cuisson 25 min

POUR 4 PERSONNES
2 pamplemousses

Pour le biscuit
250 g de farine
10 g de levure chimique
180 g de beurre mou
160 g de sucre de canne
3 jaunes d'oeufs
Sel

Pour la crème pâtissière
1 jaune d'œuf
25 g de sucre de canne
12 cl de lait
10 g de Maïzena
10 g de beurre coupé en petits dés

Préparation du biscuit
- Mélangez la farine, la levure et une pincée de sel.
- Battez le beurre en pommade avec le sucre. Incorporez un quart de la farine, puis un jaune d'œuf et ainsi de suite en alternance. Travaillez la pâte au robot jusqu'à ce qu'elle soit parfaitement homogène. Formez une boule de pâte, aplatissez-la légèrement, enveloppez-la d'un film et laissez-la reposer au réfrigérateur pendant 2 heures. Cette pâte peut également se préparer la veille.
- Préchauffez le four à 180° C.
- Beurrez un cercle à pâtisserie de 20 cm de diamètre. Garnissez une plaque de papier sulfurisé.
- Abaissez la pâte sur une épaisseur de 1 cm et découpez-la à l'aide du cercle. Faites glisser le disque de pâte avec le cercle sur la plaque et enfournez. Au bout de 25 minutes de cuisson, laissez refroidir le disque de biscuit sur une grille.

Préparation de la crème pâtissière
- Mélangez le jaune d'œuf avec la moitié du sucre à l'aide d'un fouet. Ajoutez la Maïzena et remuez bien.
- Portez le lait à ébullition avec le reste du sucre. Versez-le sur le mélange précédent, puis reversez l'ensemble dans la casserole. Faites épaissir sur feu doux sans cesser de remuer, puis incorporez le beurre hors du feu et lissez parfaitement le mélange.
- Laissez tiédir la crème ainsi obtenue, puis étalez-la sur le biscuit à l'aide d'une spatule.

Préparation de garniture
- Épluchez les pamplemousses. Pelez les quartiers à vif. Disposez-les sur le fond de tarte et décorez avec quelques zestes.

Vous pouvez confectionner de petits sablés avec les chutes de la pâte à biscuit.

l'atout anti-âge

Privilégiez les préparations où le pamplemousse ne cuit pas. Vous profiterez ainsi de son principal atout : sa richesse en vitamine C ! Celle-ci stimule les réactions de défense de l'organisme et protège les capillaires et les vaisseaux. À noter, le pomelo rose est une variété plus riche en bêtacarotène, moins acide et souvent plus appréciée.

index des recettes

remerciements

Emile Henry www.emilehenry.com 03 85 25 50 50

Le Palais des Thés www.palaisdesthes.com

Sentou Galerie www.sentou.fr

La boutique scandinave 01 40 22 02 67

Rosenthal www.rosenthal.de 01 53 34 04 44

Responsable d'édition : Coralie Moutat

Conception graphique, réalisation et couverture : Guylaine Moi

Responsable de fabrication : Claire Leleu

Photogravure : APS Chromostyle

ISBN : 978-2-7114-2045-2

Dépôt légal : juin 2009

Achevé d'imprimer en Italie par Rotolito Lombarda.